21世纪高职高专精品教材·工商管理类

企业信用管理

贺俊刚　主　编
陈晓光　唐凯悦　副主编

东北财经大学出版社
Dongbei University of Finance & Economics Press
大连

图书在版编目（CIP）数据

企业信用管理/贺俊刚主编. —大连：东北财经大学出版社，2020.6
（21世纪高职高专精品教材·工商管理类）
ISBN 978-7-5654-3862-2

Ⅰ. 企… Ⅱ. 贺… Ⅲ. 企业信用-高等学校-教材 Ⅳ. F830.56

中国版本图书馆CIP数据核字（2020）第069688号

东北财经大学出版社出版
（大连市黑石礁尖山街217号 邮政编码 116025）
网 址：http：//www.dufep.cn
读者信箱：dufep@dufe.edu.cn
大连永发彩色广告印刷有限公司印刷 东北财经大学出版社发行

幅面尺寸：185mm×260mm 字数：256千字 印张：11.75
2020年6月第1版 2020年6月第1次印刷
责任编辑：郭海雷 王芃南 时 博 石建华 责任校对：齐 心
封面设计：张智波 版式设计：冀贵收

定价：30.00元

教学支持 售后服务 联系电话：（0411）84710309

如有印装质量问题，请联系营销部：（0411）84710711

前言

“人无信不立，业无信不兴，国无信则衰”。当今世界，各国以经济和科技实力为基础的综合国力的竞争，一定程度上也是其公民信用素质、企业信用与国家信誉的竞争。进入新世纪、新时代、新阶段，经济与社会的高质量发展需要信用经济的高质量发展，面对“互联网+”正在向信任互联网、价值互联网拓展的新趋势，信用管理行业的发展迎来了新机遇。因涉及大数据、云计算、人工智能、物联网、区块链等领域，企业信用管理活动在经济社会发展中的基础性、战略性、关键性作用更加凸显。企业信用管理水平的竞争已成为国家、地区和企业间竞争的焦点之一，社会迫切需要培养造就一大批高素质的企业信用管理人才。

教材作为课程教学的重要载体，必须及时反映信用管理理论和企业信用管理实践的变化。为此，我们依照《国务院关于印发社会信用体系建设规划纲要（2014—2020年）的通知》和教育部、财政部印发的《关于实施中国特色高水平高职学校和专业建设计划的意见》的要求，贯彻全国高职高专教学评估和精品课程建设相关文件精神，围绕“以综合素质培养为基础、以能力培养为主线”的指导思想，将国家办学政策、方针落实到具体课程建设之中，编写了《企业信用管理》这本教材。

本教材获得了广西壮族自治区教育厅优秀教材建设项目资助，并得到了中国人民银行南宁市中心支行征信管理处的大力支持，由贺俊刚担任主编。具体编写分工如下：贺俊刚编写第1、5、9章；韩大涛编写第2章；莫官创编写第3章；刘运文编写第4章；刘婕编写第6章；唐凯悦编写第7、8章；陈晓光、石依禾编写第10章。此外，唐凯悦参与了第2、3、4章的润色与修改等工作。全书由贺俊刚审读并定稿。

本教材既可以作为高职高专工商管理类、财政税务类、金融类、财务会计类、经济贸易类、公共管理类相关专业和应用型本科信用管理专业的教材及教学参考用书，也可满足广大企事业单位职工学习及职业技能培训的需要。本教材具有如下特点：

1.在编写理念上，突出应用性，理论上侧重“够用、易懂”，强调学生动手操作能力的训练和综合职业素质的培养，实践上侧重“会做、能干”。

2.在教材设计上，力求让学生在理实一体化的情境下探索学习。正文设置了内容架构、案例导入、本章小结、知识掌握、知识应用栏目，从“应知、应会”的角度，根据知识点的重要程度，编写了相关例题、习题，供学生练习及复习，便于学生“入心、入脑”，同时为教师测试学生对课堂知识的掌握情况提供方便。

3.在内容编排上，突出了课程思政特色，力求将社会主义核心价值观融入企业信用管理人才培养过程。同时，为适应信用管理学科发展，侧重解决实践问题，将小微企业信用管理内容单列成块，增强教材实用性，满足企业信用管理工作现实需要。

为方便教学，本教材配有教学课件和习题参考答案，任课教师可登录东北财经大学出版社网站（www.dufep.cn）下载使用。

在教材编写过程中我们参考了大量教材、著作、论文等科研成果，限于篇幅，难以全部列出，在此对相关作者表示诚挚的感谢！由于自身能力有限，加之信用管理学科的不断发展，不足之处在所难免，敬请各位读者批评指正！

编　者

2020年2月

Contents

目录

第1章 企业信用管理概述

[**学习目标**]

通过本章学习，你应该达到以下目标：

知识目标：

1.熟悉信用内涵、企业信用管理的概念，了解企业信用管理现状。

2.熟悉社会主义核心价值观在企业信用管理目标中的体现。

3.熟悉社会主义核心价值观在企业信用管理流程中的体现。

4.熟悉社会主义核心价值观在企业信用教学工作中的体现。

技能目标：

1.学会运用社会主义核心价值观指导企业信用管理工作。

2.学会分析企业信用管理中存在的问题。

[内容架构]

企业信用管理概述

- 企业信用管理理论基础及相关概念
  - 信用的内涵
  - 企业信用管理的概念与现状
- 社会主义核心价值观与企业信用管理工作
  - 社会主义核心价值观（诚信观）对做好企业信用管理工作的重要指导意义
  - 社会主义核心价值观在企业信用管理工作中的体现

案例导入

别让网红产品忽悠了社会诚信

网红带货的销售模式具有较大的发展潜力和发展前景。2019年天猫“双11”开场8小时55分，靠直播引导的成交额就突破了100亿元，且超过50%的商家通过直播获得了新增长。数据显示，截至2018年，我国网红粉丝总人数达到5.88亿人，网红经济规模突破2万亿元。仅淘宝一家平台，月带货规模超过100万元的直播间就超过400个。近日，某位网红因“卖货”被推上舆论的风口浪尖，原因是其推荐的“阳澄湖大闸蟹”并不是真正产自阳澄湖的大闸蟹，而是某品牌的普通蟹，而对外宣称“23年老品牌”的公司注册时间却是2015年，因此被消费者质疑“虚假宣传”“误导消费”。有些网红产品看似人气爆棚，实际上是通过夸大其词的宣传甚至造假炮制而成的；也有部分看似美好的网红产品，其实是“三无产品”，不仅坑害了消费者，还严重扰乱了市场秩序。据浙江省市场监督管理局发布的《上半年消费诉求情况分析》称，消费投诉和举报中有近1/6与网红产品相关，主要涉及夸大宣传、质量不符、商标侵权、成交量作假等问题。很多大流量的网红团队扛起了品控大旗，但在高额利益的驱使下，还是会有一些主播只玩套路推销，不顾产品效果，《广告法》中不允许出现的“最棒”“最好”“最高级”等绝对化字眼，更是不绝于耳，极具诱惑力，往往能让消费者掉入消费狂欢的漩涡，给整个网红经济埋下诚信危机。

资料来源　刘予涵.别让网红产品忽悠了社会诚信［N］.中国城市报，2019-11-18（002）.有删减。

启示：网红不是洪水猛兽，对待网红带货既不能因噎废食、一禁了之，也不能任其野蛮生长、无序发展。国家应出台具有约束性的网红行为规范标准，加以规范化、法治化管理。与社交媒体、网络平台等相关部门合作，进行监管，重塑社会诚信。

1.1　企业信用管理理论基础及相关概念

一、信用的内涵

早在先秦时期，儒家就提出了“诚”和“信”的概念。诚，其本义是指真诚、真实。《易经》之《乾》卦：“修辞立其诚，所以居业也。”《礼记》之《乐记》：“著诚去伪，礼之经也。”《礼记·中庸》把诚视为礼的核心范畴，“唯天下至诚，为能尽其性”，认为诚笃之德是达至“天人合一”境界的前提。《大学》提出“格物，致知，诚意，正心，修身，齐家，治国，平天下”，将诚视为人们认识、修为和治国的重要环节。在孟子口中，诚既是天道本体的范畴，也是做人的诀窍，“是故诚者，天之道也；思诚者，人之道也”。荀子则进一步认为诚为“政事之本”：“夫诚者，君子之所守也，而政事之本也。”信，着眼于人与人之间的关系，取取信于人的初义。《尚书·商书·汤誓》：“尔无不信，朕不食言。”《诗经·小雅·巷伯》：“慎尔言也，谓尔不信。”此两处先秦古籍所示之信，皆包含言语取信于人的意思。孔子将信视为仁的体现，要求人们“敬事而信”“信则人任焉”，他强调“人而无信，不知其可也”，将信作为朋友相交的重要原则。汉代董仲舒将信与仁、义、礼、智并列为“五常”，视为最基本的社会行为规范，认为表里如一，言行一致即为信：“竭遇写情，不饰其过，所以为信也。”朱熹还提出“仁包五常”“以实之谓信”。“信”是人们日常交往的基本准则。

对“信用”的理解，不同的辞典有不同的说法，《韦氏词典》对信用的解释为“The system of buying and selling without immediate payment on security”。《大英百科全书》把Credit解释为“一方（债权人或贷款人）供应货币、商品、服务或有价证券，而另一方（债务人或借款人）在承诺的将来时间里偿还的交易行为”。《新帕尔格雷夫经济学大辞典》对信用的解释为：“提供信贷（Credit）意味着把对某物（如一笔钱）的财产权给以让渡，以交换在将来的某一特定时刻对另外的物品（如另外一部分钱）的所有权。”《辞海》列出了“信用”的三种释义：一为“信任使用”；二为“遵守诺言，实践成约，从而取得别人对他的信任”；三为“价值运动的特殊形式”。《中国大百科全书》的解释是：“信用是一种借贷活动，它是以偿还为条件的价值运动的特殊形式。在商品和货币流通存在的条件下，债权人以有条件让渡形式贷出货币或赊销商品，债务人则按约定日期偿还借贷或偿还贷款，并支付利息。”《金融学大辞典》认为信用大致可以从广义和狭义两个层面来考察。从广义的层面讲，信用通常表现为一个伦理学的范畴，主要是指在社会和经济活动的当事人之间建立起来的以诚实守信为道德基础的践约行为，是一种普遍的处理人际关系的道德准则。从狭义的层面说，信用主要是一个经济学的范畴。传统西方经济学的观点认为，信用是采用借贷货币资金或延期支付方式的商品买卖活动的总称。马克思则认为，信用是一种价值运动的特殊形式，是社会产品分配和交换的特定形式。从根本上说，信用是和商品生产、货币经济相联系的范畴，是在商品货币关系的基础上产生的。现代市场经济条件下所指的信用，则是以契约或协议为保障的不同时间间隔下不同当事人之间的经济交易行为。

本书认为，信用是不同所有者之间的商品和货币资金的借贷以及赊销预付等行为。信用是以偿还和付息为条件所形成的货币（或商品）借贷关系或债权债务关系。在商品货币关系基础上产生的信用，不是一般的借贷，而是货币或商品有条件让渡（偿还和付息）这种价值运动的特殊形式。信用是社会主义核心价值观在市场经济中的具体体现。信用在具有社会主义核心价值观一般内涵的同时，又具备市场经济的特殊要求。信用表达了社会主义核心价值观对市场经济的一般要求，也体现了市场对社会的职业承诺，即客观公正、不偏不倚地对市场经济活动的过程及结果做出如实反映与及时监督，并有助于社会有序健康运行。

二、企业信用管理的概念与现状

企业是市场经济的主体，企业信用管理活动均是市场经济活动。从经济学角度看，企业信用管理的理论基础包括市场经济的信息不对称理论、交易成本理论、博弈论等。

信息不对称理论认为：在市场经济条件下，信息不对称是产生失信行为的重要原因之一。由于缺乏历史交易信息、信息传递不畅，失信者往往不能被市场及时发现而受到约束，推进市场信用体系建设，建立相关企业信用信息记录、畅通企业信用信息传递机制，其重要的目的就是减少信息不对称。

交易成本理论认为：若企业失信行为不需要付出足够的代价，其带来的收益大于失信成本，企业失信行为就会继续下去；相反，如果企业失信成本大于失信产生的收益，则失信行为将会减少或消失。因此，加大对失信企业的惩罚，提高企业失信成本，是减少失信行为、提升企业信用管理水平的重要举措。

博弈论认为：在一个信息传递方便、市场监督机制健全的良好市场经济环境中，违约成本高于收益，企业最优策略是诚实守信；而在一个市场经济环境不好、市场信用机制不健全的社会，信用缺失企业可获得额外收益，企业最优策略就是不讲信用。通过信用体系建设，让诚实守信成为市场主体的最优选择、主动选择。

（一）企业信用管理的概念

企业信用管理是以授信企业作为提供信用的主体，以被授信企业作为信用客体，对企业信用进行管理的行为。企业信用管理有广义与狭义之分，广义的企业信用管理是指企业对他人提供的信用及授予他人的信用而进行的管理活动；狭义的信用管理是指企业对授信活动和授信决策进行科学的管理。企业通过咨询调查收集客户的各种信用信息与数据，可以运用互联网、大数据分析等工具进行综合处理判断，对客户的信用质量作出评价，权衡信用销售的风险与收益，制定恰当的信用决策，并对产生的应收账款进行严格管理，在力求实现企业信用销售最大化的同时，将企业信用风险降至最低。本书讨论的企业信用管理是指狭义的信用管理。

（二）企业信用管理现状、问题及对策

1.企业信用管理现状及问题

近年来，随着我国社会主义市场经济的迅速发展，经济总量不断扩大，企业数量日渐增多。总体来看，大部分企业诚实守信，为社会经济的健康发展作出了贡献。但由于种种原因，失信现象在各行各业中也时有发生，一定程度上损害了市场经济的形象，丧失了市场经济最宝贵的诚信原则，造成较大的负面影响。少数企业的失信行为已成为社会主义市场经济发展的重要障碍之一，严重影响了社会主义市场经济的健康发展。诚信成为社会问题的过程是一个长期积累的过程。部分企业利用市场规则漏洞，做出许多与企业信用管理要求相悖的行为。诸如用粉碎回收破布做成的高级被子、金融套路贷欺诈、假种子、假烟酒等制假售假现象等，对消费者及人民群众身心健康造成严重伤害。各种虚假广告、产品和业绩报告更是屡见不鲜。更有甚者，一些不法企业在药品、医疗器械上制假售假，对患者的生命健康造成了威胁。部分企业利用格式合同、相对人缺乏经验、欺骗性条款等手段，轻诺寡信，有诺不践，恶意签约，肆意悔约，或者骗取合同定金，或者逃废债务，恶意赖账。拖延货款成为某些企业的习惯，恶意赖账成风，农民工欠薪问题久拖不决，造成企业间信任度降低、经济环境恶化。为什么在社会主义市场经济转型中，企业信用会突然缺失，而社会又是如此迫切地呼唤企业诚实守信？企业失信目的总是与牟利相关，信用意识薄弱，尤其企业信用管理工作不到位是重要原因之一。可见，企业信用管理对坚守诚实守信的基本行为准则，对社会主义市场经济建设具有重要作用。

以“诈骗电话”和“网络诈骗”为例，数据显示，2019年全国共拦截诈骗呼叫10.8亿次，关停重点地区诈骗号码88.8万个。2019年，工信部和各地通信管理局拦截、劝阻受害用户52.4万人；部系统与19个省系统对接联动，汇聚涉诈域名149万个（见表1-1）。据了解，工信部组织管局、集团、省公司开展三位一体的专项治理，累计通报21期，关停诈骗号码88.8万个；广西、云南两地省级电信企业建立完善大数据“踢网”模型，累计踢网81万个。2019年，工信部下发电信网络诈骗风险行业和重点地区通报33期，点名问题企业60余次，组织对16省48家电信企业进行现场检查。安徽、四川、河北、青海、新疆、重庆、湖北等地通信管理局，加大了实名制检查追责力度，明察暗访渠道网点共计800家。

表1-1　**2019年工信部网络诈骗防治数据**

项目	诈骗呼叫	诈骗号码	诈骗电话
诈骗电话	10.8亿次	88.8万个	6.8亿次
项目	涉诈域名	涉诈网址	涉诈互联网账号
网络诈骗	149万个	900万个	13万个

资料来源　曲静怡.工信部：强化大数据对反诈骗的特殊作用[N].中国经济导报，2020-02-19（006）.

2. 企业信用管理问题的成因

产生企业信用管理问题的原因主要包括：

（1）企业信用管理相关的制度建设基础薄弱。信用管理制度建设是企业诚实守信的外在条件，是企业信用保证，它通过强制性的要求协调企业经济活动中的种种利益矛盾，保证企业在真实、客观、可靠的基础上运行。2014年6月14日，《国务院关于印发社会信用体系建设规划纲要（2014—2020年）的通知》发布，经过多年的社会信用体系建设，为企业信用管理环境的改善提供了条件，企业信用管理规则逐步建立，但其基础依然薄弱，有待持续加强。正是由于与企业信用管理相关的产权制度、组织制度、管理制度等处在不断的改革与创新之中，在短期内难以形成稳定、有力的制衡力量，一些企业的欺诈行为得不到应有的惩罚，从而造成负面影响。

（2）企业信用管理价值观引导弱化。企业管理者和经营者的行为体现了社会主义市场经济所要求的道德规范。诚信价值观是企业经营活动中所表现出的道德观念和经济行为的基础，是企业参与市场经济活动的道德根本。然而，市场经济的自利性倾向与生存竞争的压力，有可能使企业信用逐渐成为一种稀缺资源，弱化了诚信价值观在企业经济行为选择中的支撑作用。道德支持弱化的结果，使处于转型期的企业迷失了方向，使诚信价值观从企业行为内在的价值驱动力外化成为企业追求利益最大化的竞争工具和手段，企业信用只喊不做，诚信价值观的道德精神影响在企业发展中的引导作用被忽略了。

（3）企业信用管理意识淡漠。少数企业否认信用管理对企业自身经济行为进行约束的必要性，无视国家法律与道德，不按诚信规则办事，坑蒙拐骗，尔虞我诈，做出各种与诚信价值观相违背的经济行为，造成了不良影响，败坏了企业的声誉。这不仅损害了消费者、相关企业与国家的利益，也无法实现企业自身的可持续性长远发展。

3. 提升企业信用管理工作水平、解决企业信用管理问题的对策

其具体内容包括：

（1）加强企业信用管理制度建设。进入新时代、新阶段、新起点，企业信用逐渐成为优化市场资源配置的新要素。新的形势和战略布局要求推出新的企业信用管理制度，应顺势而为，加强引导和约束，使企业信用管理制度健康规范发展，为新时代经济高质量发展保驾护航。

（2）加强社会主义核心价值观对企业信用管理的引导作用。诚信价值观是社会主义价值观的核心之一。企业信用管理工作目标离不开信用管理工作人员的职业判断与选择。社会主义核心价值观（诚信观）是企业信用管理工作人员的职业判断与选择的基础。企业信用管理工作目标与社会主义核心价值观（诚信观）存在密切关系。在企业信用管理工作中，无论是何种性质、何种体制、何种规模的企业，其目标都离不开社会主义核心价值观（诚信观）的指引。

（3）加强企业信用管理人才培养。企业的发展离不开对人才的培养，信用管理人才是企业乃至社会向前发展的推动力量。自1978年改革开放以来，企业信用交易的规模越来越大，全社会对企业信用管理人才的培养越来越重视。良好的社会信用环境是企业的共同追求，企业强烈期望建立良好的社会互信关系，期望有信用就能获得相应的价值。企业信用管理人才能力与水平已经成为一个企业是否健康与可持续发展的重要依据。教育水平是

立国之本，是民族复兴的标志，是一个国家发展潜力的表现，加大对企业信用管理人才培养的投入，是一项目光长远的投入。做好人才的培养工作，要树立以人为本的理念，把促进企业信用管理人才健康成长和充分发挥人才的作用放在首要位置，努力营造鼓励企业信用管理人才干事业、干成事业、干好事业的社会环境；加大对企业信用管理创新创业人才培养的支持力度，遵循人才成长规律，根据人才多样性、多层次性特点，更加注重系统培养、分类培养和个性化培养。同时，充分完善各项培养机制，为人才的发展打下坚实的理论基础。企业信用管理人才问题是关系市场经济发展的关键问题，是推进经济社会发展的重要因素，是全面建成小康社会，夺取新时代中国特色社会主义伟大胜利，实现中华民族伟大复兴的重要支撑。

1.2 社会主义核心价值观与企业信用管理工作

一、社会主义核心价值观（诚信观）对做好企业信用管理工作的重要指导意义

当今世界，经济全球化深入发展，企业跨国经营、资本跨境流动日益频繁，知识经济方兴未艾，科技进步日新月异，为企业信用管理发展提供了新机遇，对企业信用管理水平提出了新要求。信用管理教育对企业坚守诚实守信的基本行为准则，对社会主义市场经济建设具有重要作用。

在中华民族五千年传统文化中，蕴含着大量诚实守信的典故与为人处世的道理。社会主义核心价值观是中华优秀传统文化的传承与发展，诚信是社会主义核心价值观的核心。党的十八大报告指出，倡导社会主义核心价值观，对塑造企业诚信、培养高质量信用管理人才具有重要作用。党的十九大报告对社会主义核心价值观做出了新定位、提出了新要求、明确了新任务，信用经济的建设与发展为我国企业信用管理发展提供了重大机遇。十九届四中全会提出了坚持和完善中国特色社会主义制度，推进国家治理体系和治理能力现代化的要求，这是党中央从全面建成小康社会、实现中华民族伟大复兴的中国梦的高度，对社会公德、职业道德建设提出的基本要求。它也对信用管理人才的职业素质培养、从业质量控制、社会认可度提升提出了更高的要求。《国务院关于印发社会信用体系建设规划纲要（2014—2020年）的通知》明确要求“以建设社会主义核心价值体系、培育和践行社会主义核心价值观为根本，将诚信教育贯穿公民道德建设和精神文明创建全过程”，对加强信用管理人才的核心价值教育，弘扬社会主义核心价值观，规范社会主义市场经济秩序，培养企业科学发展观，构建和谐社会，实现中华民族的伟大复兴具有重要指导作用与意义。应从国家战略的高度，以党的十八大、十九大报告及国务院政策文件为指导，增强企业信用管理工作的责任感、使命感、紧迫感，抓住机遇，迎接挑战，统筹规划，深化改革，重点突出，整体推进，不断开创企业信用管理新局面，为实现中华民族的伟大复兴、提升国家治理体系和治理能力现代化提供信用支持。

二、社会主义核心价值观在企业信用管理工作中的体现

社会主义核心价值观包括三个层次，富强、民主、文明、和谐，是国家层面的价值目标；自由、平等、公正、法治，是社会层面的价值取向；爱国、敬业、诚信、友善，是公民个人层面的价值准则。社会主义核心价值观对企业信用管理工作均有指导作用，其中起到直接指导作用的是诚信价值观。人是企业信用管理工作的核心，企业信用管理工作的执行者是人，企业信用管理工作的服务对象是人，企业信用管理课程的培养者与培养对象是人，社会主义核心价值观（诚信观）作为公民个人层面的核心价值准则，与指引人、服务人、培养人息息相关，对企业信用管理工作具有重要指导作用。

（一）社会主义核心价值观（诚信观）在企业信用管理目标中的体现

企业信用管理工作目标离不开信用管理工作人员的职业判断与选择。社会主义核心价值观（诚信观）是企业信用管理工作人员的职业判断与选择的基础。企业信用管理工作目标与社会主义核心价值观（诚信观）存在密切关系。在企业信用管理工作中，其工作目标离不开社会主义核心价值观（诚信观）的指引。在不同经营规模的企业中，小微企业与大中型企业一样，需要设立以社会主义核心价值观（诚信观）为指引的企业信用工作管理目标，社会主义核心价值观（诚信观）对信用管理工作人员能否科学、客观地分析与提升企业的信用管理水平发挥着关键作用。国有企业、外资企业、私营企业等不同性质的企业，尽管有不同的文化与制度背景、不同的经营理念，但是在诚信文化内涵上，社会主义核心价值观（诚信观）与西方企业契约诚信文化功能趋同，均能指导包括外企在内的各类企业信用管理工作，是企业信用管理工作人员在运用财务会计谨慎性原则、真实性原则等工作原则，销售人员签订营销合同、开展有效谈判与沟通等工作时发挥核心指导作用的价值观。虚构与隐藏利润、欺诈合同、恶意磋商等人为造假的现象均源于企业信用管理工作人员工作目标混乱，失去了最基本的社会主义核心价值观（诚信观）底线。

（二）社会主义核心价值观（诚信观）在企业信用管理流程中的体现

企业信用管理流程是信用管理工作的全过程，分为程序、岗位、信息与文字说明等要素，贯穿于签约前、签约中、签约后三个阶段的全要素中。社会主义核心价值观（诚信观）在信用管理工作流程中的体现如图1-1所示：

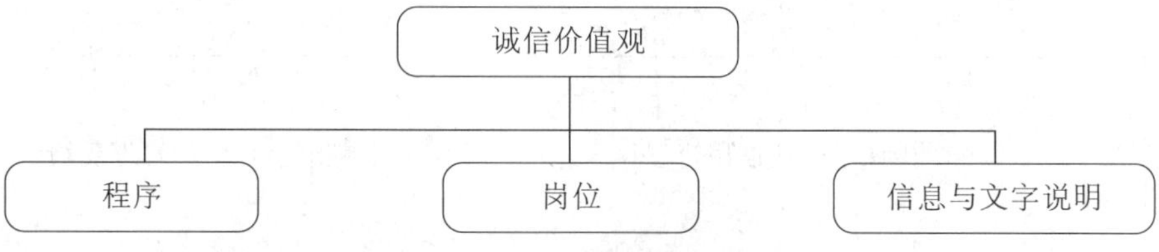

图1-1　诚信价值观在企业信用管理工作流程中的体现

1.程序

程序是企业信用管理流程中的重要环节，在信用管理工作中发挥着“顶层设计”的作用。整个程序设计体现了社会主义核心价值观（诚信观）指导下的企业信用管理工作实践，反映了价值观的要求，体现了社会主义核心价值观（诚信观）的精神。

2.岗位

企业信用管理工作岗位设置是实现信用管理工作程序设计的重要步骤。为满足“顶层

设计”的要求，通常设立信用经理、主办、调查人员、档案管理、商账催收、信用申请等岗位，何为诚信，何为欺诈，均与信用管理工作人员的价值观选择相关。信用管理工作人员的诚信价值观对科学、客观地进行信用管理工作，从而得出正确反映企业信用管理工作状况的评价，起着关键作用。社会主义核心价值观（诚信观）内化为岗位工作人员的职业素质，诚实守信是每个岗位工作人员最基本的工作素质与职业道德要求。

3.信息与文字说明

不同岗位上的信用管理工作人员从不同侧面、不同角度和渠道收集与归纳企业信用管理工作相关信息，并从实事求是的角度，形成真实、客观的文字说明，包括经营管理信息、财务信息及宏观经济信息等，最终形成质量较高、可靠的信用报告及评价报告。信息与文字说明体现了社会主义核心价值观（诚信观）的内涵。

（三）社会主义核心价值观（诚信观）在企业信用管理教学工作中的体现

从企业信用管理课程教学实践出发，结合信用管理课程教育现状，以优化专业设置、提高学生综合素质和职业素养为目的，构建两层次（课堂内、外）、三阶段（事前、事中、事后）企业信用管理课程教学过程（如图1-2所示）。

	项目	课堂外
事前阶段	入学企业信用管理教育	校园文化诚信教育
事中阶段	课堂企业信用管理理论教学 课堂企业信用管理实训教学	企业信用管理社会实践教育
事后阶段	学生课堂企业信用管理	就业企业信用管理反馈

图1-2　两层次、三阶段企业信用管理教学过程

事前阶段教育，包括入学企业信用管理教育与校园文化诚信教育。入学企业信用管理教育是指不同专业学生在入学教育时的诚信理念灌输；校园文化诚信教育是指学生社团文化、校史、党团活动等校园活动对学生的诚信教育。事中阶段教育，包括课堂教育与社会实践教育两部分内容。课堂教育包括课堂企业信用管理理论教学与实训教学。课堂企业信用管理理论教学是指学生在学习马列主义、毛泽东思想、邓小平理论、“三个代表”重要思想、科学发展观及习近平新时代中国特色社会主义思想和信用管理专业知识时，对学生进行信用管理课堂教育。课堂企业信用管理实训教学是指在专业技能实训课堂上对学生进行信用管理课堂教育。企业信用管理社会实践教育是指在社会实践活动中对学生进行信用管理教育。事后阶段教育，是指建立学生信用管理档案，由学生在校信用管理记录与社会工作信用反馈构成。学生在校信用管理记录是指将学生在上课时的出勤率、作业准时率、考试态度、参与党团组织校园活动、第二课堂等与诚信相关的内容进行记录归档，形成学生信用管理记录。社会工作信用反馈是指学生在企事业单位工作时的表现反馈。课堂内、外两个层次搭起企业信用管理教育的框架，事前、事中、事后三个阶段分属于企业信用管理教育的基础、核心和外延，两个层次、三个阶段构成了完整的企业信用管理教育模式，环环相扣，互相作用。该模式既反映了企业信用管理教育前的基础状态，又把握了企业信用管理教育过程中与教育后的质量，是一脉相承、自我循环与反馈的企业信用管理教育；既包括企业信用管理教育课堂内的知识点与技能要求，也涵盖了企业信用管理教育课堂外的校园文化、社会实践、社会工作反馈因素，是全要素、全方位、全过程的“三全”育人教育；既彰显了企业信用管理教育教学中教师与学生双主体关系，也突出了学生的主观环境与客观环境对企业信用管理教育的双向作用，是校园理论知识教育与社会环境教育的综合；既表现了大学生思想品德教育的基础性，也表现了企业信用管理专业理论与技能的专业性，是共性与个性的统一。两层次、三阶段企业信用管理教学模式是社会主义核心价值观（诚信观）深入企业信用管理教学的保证，在教育学生诚信做人、认真履行企业信用管理工作责任方面起到了重要作用。

[本章小结]

本章从企业信用管理理论基础及概念、社会主义核心价值观与企业信用管理工作两个方面，分析了信用内涵、企业信用管理概念及企业信用管理现状，提出了问题及相关对策，阐述了社会主义核心价值观在企业信用管理工作中的重要性，分析了社会主义核心价值观在企业信用管理目标、流程以及教学中的体现。

[知识掌握]

1. 名词解释

信用；企业信用管理

2. 单项选择题

（1）程序在信用管理工作中发挥着（　　）的作用。

A. 顶层设计　　B. 基础

C. 重要　　D. 巨大

（2）学生在校信用管理记录是企业信用管理教学工作中的（　　）。

A. 事前阶段　　B. 事中阶段

C. 事后阶段　　D. 任意阶段

3. 多项选择题

（1）企业信用管理问题产生的原因包括（　　）。

A. 制度建设基础薄弱　　B. 价值观引导弱化

C. 信用管理意识淡漠　　D. 领导支持力度不足

（2）解决企业信用管理问题的对策有（　　）。

A.加强企业信用管理制度建设　　B.加强社会主义核心价值观的引导

C.加强企业信用管理人才培养　　D.加强监督

4.判断题

（1）价值观与企业信用管理工作没有关系。（　　）

（2）文化自信与企业信用管理密切相关。（　　）

5.思考题

社会主义核心价值观（诚信观）在信用管理工作流程中的体现是什么？

［知识应用］

□ 案例分析

“信义奶奶”的时代意义

在中央文明委举办的第七届“全国道德模范”表彰活动中，张掖市肃南裕固族自治县红湾寺镇隆畅社区居民窦兰英入选诚实守信类全国道德模范，并受邀赴北京参加颁奖典礼，成为张掖市首次获此殊荣的先进典型。窦兰英用一颗厚道之心，诠释了诚信的真谛，被人们亲切地称为“信义奶奶”。诚实守信，即诚恳真实，讲信用、讲信誉，忠实于自己承担的义务。人无信不立，国无信不强，诚实守信又被人们誉为“中华民族第二张身份证”。随着我国经济社会的长足发展，社会进入急剧转型时期，由于种种因素的相互影响，整个社会的诚信意识面临前所未有的冲击与挑战；随着越来越多高楼大厦的拔地而起，钢筋围墙隔开了人际交流，也阻断了人们心灵的沟通，道德滑坡、诚信缺失的人和事在生活中屡见不鲜，老赖横行、公司“跑路”等消息不时见诸媒体，严重危害着社会的进步。同时，由于不讲诚信、不守信用而引发的连带效应及其后果令人扼腕叹息、发人深省。榜样引领时代，时代呼唤诚信。在大力培育社会主义核心价值观的大背景下，弘扬中华民族传统美德、提升公民道德素养已成为提高全社会文明程度的现实课题。窦兰英老人在其人生历经波折、生活较为困难的现实面前，以其“心不能被压倒”的勇气，以“做人要有诚信，有良心”的信念，以“借债还钱，天经地义”的道德伦理，以“偿还救命恩情”的朴素情怀，用再平凡不过的行动，诠释了什么叫“诚信”。这与当下“诚信缺失”形成了强大的反差与对比，窦兰英从而也就有了“信义奶奶”“全国道德模范”的称谓和荣誉，受到社会各界的关注与推崇，得到人们的交口称赞。

资料来源　马玲.浅析“信义奶奶”的时代意义［N］.张掖日报，2020-03-26（003）.

要求：请根据案例的内容，运用所学的信用管理相关知识，分析“信义奶奶”的时代意义是什么？

□ 实践训练

主题：诚信价值观研讨会

内容与提要：

（1）学生以5人为一个小组；

（2）事先对一家企业进行调研；

（3）通过本课程所学习的内容，分别对该企业的诚信价值观建设内容和相关制度进行分析，并与其他企业进行对比。

成果检验：

（1）召开企业诚信价值观专题研讨会；

（2）各组分享与展示调研报告；

（3）指出不同行业的企业在诚信价值观上的差异，并进行对比研讨。

第2章 企业信用管理机构设置

[**学习目标**]

通过本章学习，你应该达到以下目标：

知识目标：

1. 熟悉企业信用管理部门设置原则，了解信用管理部门的职能。
2. 掌握企业信用管理部门及组织机构设置。
3. 熟悉企业信用管理部门与其他部门之间的关系。

技能目标：

1. 学会设置企业信用管理部门岗位并说明其职责。
2. 学会处理企业信用管理部门与其他部门之间的关系。

[内容架构]

企业信用管理机构设置

- 企业信用管理部门及岗位设置
  - 企业信用管理部门设置原则
  - 企业信用管理部门的职能
  - 企业信用管理部门设置常见方式
  - 企业信用管理部门的岗位与职责
  - 组建企业信用管理部门的其他事项
- 企业信用管理部门与其他部门之间的关系
  - 信用管理部门与采购部门之间的关系
  - 信用管理部门与财务部门之间的关系
  - 信用管理部门与销售部门之间的关系

案例导入

联想（上海）有限公司的企业信用管理部门设置

联想（上海）有限公司是推行企业信用管理模式的受益企业之一，其“3+3”企业信用管理模式分为事前、事中、事后3个阶段，前台、中台、后台3个部门（如图2-1所示）。联想的信用管理机制是全员参与的信用管理体系，不同的岗位各司其职。通过企业信用管理，联想培养了一批非常重视信誉状况的客户，这些客户构建了一套运行良好、适合联想业务特点的信用管理机制，提升了公司的竞争力。推行“3＋3”企业信用管理模式的步骤如下：

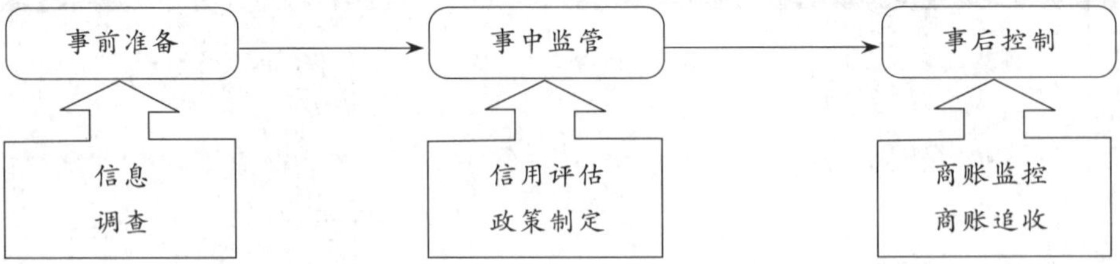

图2-1　联想（上海）有限公司“3＋3”企业信用管理模式

1.建立前期信用管理阶段的资信调查和评估机制。在交易前调查和评估客户的信用状况，需要收集的资料包括：业务部门掌握的客户基础信息、原始文件、法律文件，也包括客户每一次交易的情况、付款情况、DSO分析、坏账情况等。

2.建立中期信用管理阶段的债权保障机制。企业采用的债权保障技术包括：抵押（包括质押和抵押）、担保（包括法人担保和自然人担保）、信用保险、出口信贷、信用证、承兑汇票和其他保障手段。

3.建立后期信用管理阶段的应收账款管理和追收机制。其具体包括三个阶段的工作：在应收账款发生后，通过一系列管理措施监控账款，保障账款按时回收；当货物销售出去后，应该对销售的货物和客户实时监控，保证货物和销售的安全；在账款过期后，要根据程序不断施加压力，争取早日回收账款。

4.在企业内部应建立一个独立的信用管理机构（人员），全面管理企业信用赊销的各个环节。与“3+3”企业信用管理模式相适应，联想（上海）有限公司将模式中的前台、中台和后台分别对应公司内部的三个部门，即业务部、风险管理部（信用部）和财务部，其中独立于财务体系和市场体系的风险管理部（信用部）对风险的评价涵盖了财务和市场双重要素。同时，依靠软硬各项指标实现信用管理工作目标（见表2-1）。

表2-1　**联想（上海）有限公司信用管理部门业绩指标**

项目	部门	硬指标	软指标
前台	业务部	交易额 市场份额 投资回报率 交易坏账率	客户关系稳定性 向风险管理部提供客户信息的及时性 操作的准确性 市场预测的准确性
中台	风险管理部（信用部）	总坏账率控制 市场风险损失率控制	信息公布和评级更新的及时性 对交易部门的申请回应的及时性
后台	财务部	财务费用	为贸易活动提供所需资金的及时性 收付资金的准确性

通过实践，这样的管理方式得到了公司市场体系、财务体系和内部上下各方面的认可。用联想创始人柳传志的话来说，联想的赊销和信用管理对联想的二次腾飞起到了居功至伟的作用。

资料来源　徐燕，林凤.联想集团上海公司3+3信用管理体系［J］.企业管理，2006（12）.

启示：在现阶段的市场环境下，大多数企业都会采取信用销售的模式进行销售，如最常见的赊销就属于信用销售。信用销售可以增加企业的销量，减少库存，形成购进与销售的良性循环。但采取信用销售模式的企业也承担着一定的信用风险，这时信用管理对企业而言就显得格外重要了，而建立一个独立的信用管理部门可以有效地对企业进行信用管理。信用管理部门独立于其他部门，主要任务是在企业的利润和信用风险之间取得平衡，其具体职责如下：全面参与起草、制定和修改企业信用政策；筛选客户，批准、取消、增加、减少客户信用额度；采用各种手段追讨客户逾期账款；严格执行企业信用政策，分析企业信用管理政策执行情况，对总体信用政策的偏差甚至失败负有主要责任。综上所述，企业成立一个专门的信用管理部门可以从客观的角度衡量风险与收益，并能落实相关责任，因此如果企业涉及信用销售，最好成立专门的部门或由专人负责管理。

2.1　企业信用管理部门及岗位设置

一、企业信用管理部门设置原则

（一）任务目标原则

任务目标原则是指信用管理部门的组织结构设计应把企业经营目标作为出发点。它包含信用管理部门自身的目标和企业其他部门的目标。企业的价值最大化是信用管理部门及企业其他部门共同追求的目标，是企业信用管理部门结构设计的第一原则。

（二）分工协作原则

分工协作原则是指信用管理部门的岗位设计应根据专业分工、相互协作以提高工作效率的要求，按照工作职能设立多个岗位。信用管理部门的总体工作可以不断地细化和分工。按照工作性质，配备合适的工作人员。过于细密和过于粗放的工作分工，均会影响工作效率。

（三）权责利统一原则

权责利统一原则是指信用管理部门岗位人员的权力、责任和利益要保持统一，避免失衡。权力的大小要根据责任和利益的大小进行合理的配置。不能只讲责任、不讲利益，或者只讲利益、不讲责任。

（四）行业分析原则

行业分析原则是指企业信用管理部门的岗位设置要考虑到经济全球化对企业信用管理工作的影响。信用管理部门岗位的设置不仅要考虑企业自身的需要，还要适应国内、国际行业变化的要求。

二、企业信用管理部门的职能

企业信用管理部门的职能是指信用管理部门与机构应有的作用或功能。企业可以建立由销售部门主导、财务部门主导的信用管理部门，也可以建立独立的信用管理部门，视具体需要而定。根据工作需要，企业信用管理部门的职能可细分为一级职能、二级职能、三级职能、四级职能等。其中，信用管理为一级职能，信用管理可以分为客户资信调查、信用分析、应收账款管理等二级职能。客户资信调查可以分为资信调查设计、资信信息收集与整理等三级职能。信用分析可以分为信用风险控制、信用风险转移等三级职能。应收账款管理可以分为商账追收、坏账处理等三级职能。不同行业、不同企业设立的信用管理部门职能有所不同。

三、企业信用管理部门设置常见方式

由于企业规模、行业、市场环境等情况不同，企业信用管理部门设置也不尽相同。通常情况下，可将企业信用管理部门设置为商情科、授信科、商账科（如图2–2所示）。

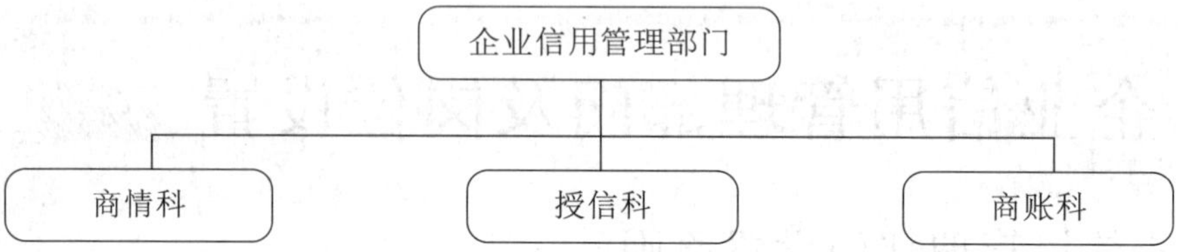

图2–2　企业信用管理部门设置

（一）商情科

商情科的主要工作职能：客户档案的设立、维护与更新，包括对客户进行动态跟踪、对客户信用报告进行解读等；信用系统的维护，维护和更新信用管理系统；对外联络，与企业内部信用管理相关的部门沟通协调。在赊销政策、信用期限、信用额度等方面为企业销售、财务等相关部门赊销提供服务。

商情科日常工作包括：配合财务部门联系客户收取会计资料、买发票、缴销发票等，配合销售等业务部门进行外部资信调查，为授信科提供客户信用资料。商情科业务流程如图2–3所示。

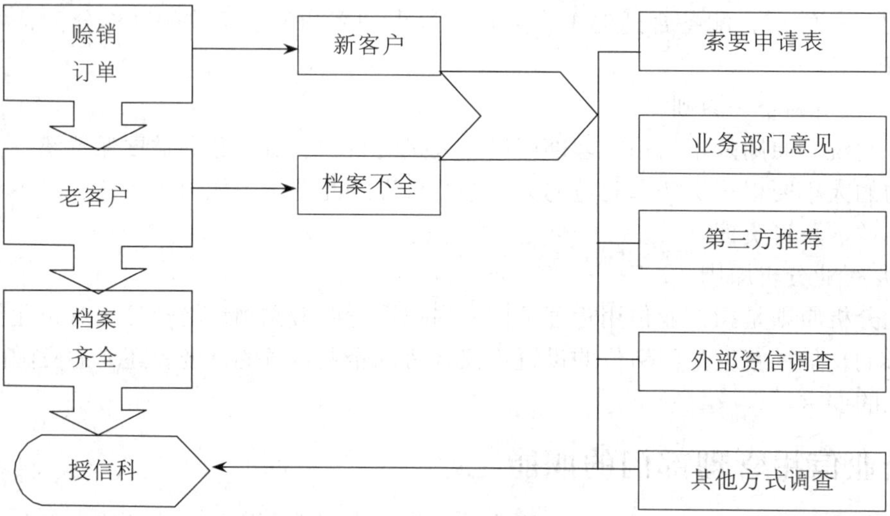

图2–3　商情科业务流程

（二）授信科

授信科的主要工作职能：信用分析，包括各类客户的信用评分、授信额度及授信期限确定、项目评估、抵押品价值评估、贷款提款核准及相关管理职能；客户服务，包括客户投诉处理、客户信用申请表受理、填写授信确认函、填写授信通知书等信用审查审批工作。

授信科日常工作包括：查看客户档案及信用报告，分析客户以往信用状况，评估并确定客户的信用期限、信用额度，并将审核结果及时通知财务、销售等相关业务部门及客户。授信科业务流程如图2-4所示。

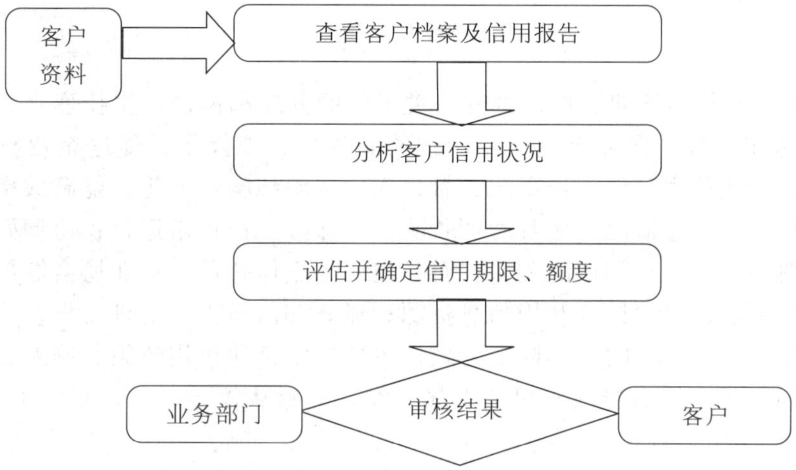

图2-4　授信科业务流程

（三）商账科

商账科的主要工作职能：应收账款的管理，包括应收账款跟踪监控与分析、库存控制、账龄控制、应收账款水平控制；商账催收，包括逾期前催账与逾期后追账。拖欠账款的监控与分析，国内外拖欠账款的追收，债权的转让处理，债权的诉讼、仲裁处理，与商账机构的联络及委托追收时的配合工作等。

商账科日常工作包括：邮寄发票及发货通知；对客户账款进行实时监控，及时发现逾期征兆，并提醒客户付款；对收到货款的客户，与商情科共享相关资料，对逾期付款客户开展货款追讨工作。商账科业务流程如图2-5所示。

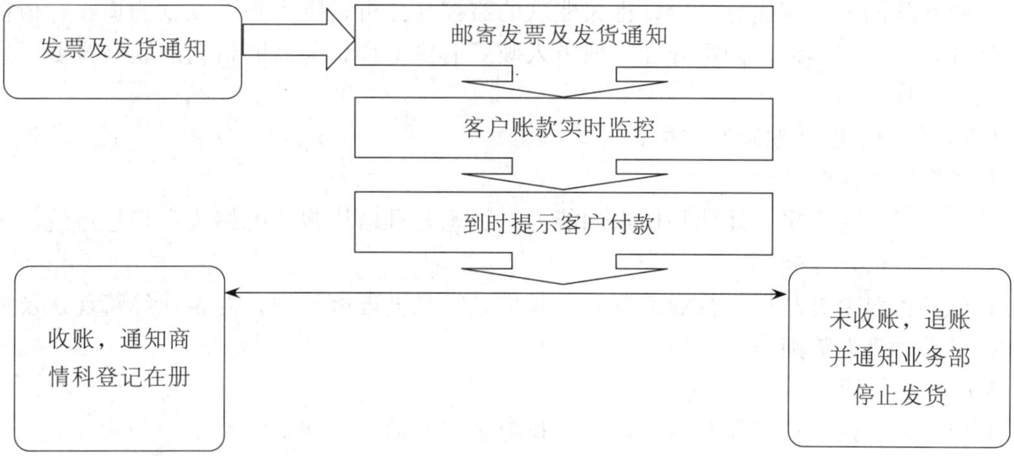

图2-5　商账科业务流程

四、企业信用管理部门的岗位与职责

企业信用管理部门的任务与岗位及职责密切相关。企业信用管理部门的任务包括：客户资料档案整理及客户开户；风险评估；赊销额度及赊销风险分类、赊销管理；坏账与客户破产情况处理；法律诉讼；制订应收账款计划及部门费用计划等。具体岗位及职责设置如下：

（一）信用经理

全面负责企业信用管理工作，做好有关工作的分配和协调；主持建立、维护完善企业信用管理运作系统，保障企业信用工作的高效化、现代化，促进企业整体的良性运转；组织建设企业信用管理工作团队，做好人力资源结构合理化，能高效率、全方位地完成有关工作。随企业情况变化及时调整队伍，保障工作正常运行；协调好信用管理部门与销售、财务、供应等部门的关系；对外搞好与征信公司、行业协会等单位及同业信用管理部门的关系，保障充分利用信息资源；抓好部门员工的培训工作，不断提高业务管理水平；做好部门人员的工作监督考核；主持制定企业信用政策、制度和相关工作的流程；定期向上级主管领导或董事会汇报工作，并听从领导指示；听取下属汇报工作，做好部门工作总结。

（二）资信管理人员

协调销售部门、财务部门有关人员按照企业规定收集客户信息；进行有关客户信息的调查并撰写调查报告；解读征信公司提供的信用报告；进行信息资料的分类和存储；为有关部门或人员提供有关客户的商情信息。

（三）信用评审人员

客户资信分析；信用评级和信用额度评定；信用额度的监控与审核；接受客户信用申请并办理有关手续；处理客户有关信用工作的投诉；客户信用评审或其他有关信息反馈工作。

（四）商账管理人员

应收账款的跟踪监控与分析；拖欠账款的监控与分析；国内拖欠账款的追收；债权的转让处理；债权的诉讼；仲裁处理；债务人破产清算工作；与商账机构的联络及委托追收时的配合工作。

（五）信用管理其他岗位的配置

1.客户档案管理员

其应具备信息收集、处理和检索的能力，熟悉各种信用报告的格式和符号系统。

2.客户信息分析员

其应具备对财务数据、行业情况及各种信息的高度理解能力，对企业经营现状及信用管理政策准确把握的能力。

3.应收账款管理员

其应具备一定的法律和财务知识，擅长与客户沟通。

4.账款催收员

其应熟悉国家的法律法规，客户服务意识好，心理素质好，口头表达能力和自我控制能力强。

5.外勤联络员

其应熟悉信用管理相关机构的情况和具体业务，具有较强的沟通和谈判能力。

五、组建企业信用管理部门的其他事项

（一）组建企业信用管理部门的注意事项

人员：企业的规模无论多大，信用管理部门的人员都不宜过多。

级别：信用管理部门的级别应与业务部门和财务部门一样，或比后者偏高。

顾问：一个刚刚建立信用管理部门的企业，最好从专业信用管理公司聘请一位专业顾问，陪伴企业走过部门初建的第一年。

独立：信用管理顾问帮助企业招聘或物色一位合格的信用经理。切记，信用管理顾问不要插手过多的具体工作，包办代替是信用管理顾问的禁忌。信用管理顾问要帮助信用经理树立威信，走入正轨，提高管理素质和办事效率。

重视：信用管理部门成立时，必须得到企业管理层的高度重视和支持，一个好的开端是成功的一半。

（二）信用管理人员的配备数量

企业规模越大，信用管理部门规模越大，设置成本越高。企业应根据销售额和赊销客户的数量、工作人员素质、信用管理工作水平来配备信用管理人员。公司的销售额和赊销客户的数量越多，需要配备的信用管理人员较多，工作人员素质高、信用管理工作水平高，需要配备的信用管理人员较少。

在其他条件相同的情况下，企业要重点关注赊销额及赊销客户的数量。当赊销额小于8 000万元，或客户数量小于200个时，应设置信用经理1名，其他信用管理人员0~1名；当赊销额介于8 000万~25 000万元之间，或客户数量介于200~500个时，应设置信用经理1名，其他信用管理人员1~2名；当赊销额介于25 000万~40 000万元之间，或客户数量介于500~1 000个时，应设置信用经理1名，其他信用管理人员2~4名；当赊销额大于40 000万元，或客户数量大于1 000个时，应设置信用经理1~2名，其他信用管理人员4名以上。

（三）信用管理人员的培训

在知识更新越来越快的时代，信用管理人员工作内容的挑战性决定了企业信用管理工作人员需要全面了解财务、金融、法律、贸易等各方面的专业知识与技能，不断提高个人职业道德品质与修养。因此，需要不断对企业信用管理人员进行培训。

企业信用管理人员培训可以分为企业新员工上岗培训和员工在岗培训两部分。

企业新员工上岗培训包括企业内部业务程序或产品知识的培训、企业新员工的集中培训、安排辅助性工作，通常指定老员工传、帮、带。

企业员工在岗培训，可以分为初级、中级、高级培训。

初级培训：学习客户信用管理基本知识、应收账款追收技巧等。

中级培训：学习财务分析课程、非财务人员的财会和税务等课程。

高级培训：学习合同风险管理课程、项目风险管理课程、融资和投资风险评估等课程。

企业员工专题培训：操作和技巧培训、业务知识培训、管理知识培训等。

2.2 企业信用管理部门与其他部门之间的关系

一、信用管理部门与采购部门之间的关系

信用管理部门与采购部门之间是服务与被服务的关系。信用管理部门的目标是帮助企业在扩大赊销额的同时，有效降低坏账损失。采购部门的目标是以较低的成本保障企业产品生产正常进行，提升企业产品质量。信用管理部门可以帮助采购部门分析企业供应商的信用状况，协助采购部门剔除可能破产的供应商，筛选出合格的供应商，减少企业损失。此外，信用管理部门还可以帮助采购部门制定科学合理、对企业有利的供应商付款制度，盘活企业资金，增加企业现金流，节约资金成本，为采购部门提供相关服务。

二、信用管理部门与财务部门之间的关系

信用管理部门与财务部门之间是相互协调、相互制约的关系。信用管理与财务两个部门的目标有一致的地方，两者在控制应收账款的发生规模、消灭逾期应收账款、调节企业的现金流量等方面拥有共同的目标。所以，企业信用管理部门与财务部门的工作关系密切，比较容易处理。信用管理部门需要经常性地取得财务部门的记录，特别是应收账款、应付账款、客户还款记录等。

如果企业内部可以联网，信用管理人员应拥有一定的权限，可以直接调看相关的会计账。如果信用管理部门要安装信用管理自动化软件，则要求与财务部门使用的财务管理软件兼容。而且，企业的信用管理部门经常由负责财务工作的副总经理兼管，与财务部门的主管领导相同。从财务部门来看，信用管理工作是帮助企业流入现金，控制销售部门将库存转移给客户。信用管理部门提供的应收账款预测、供应商评价、坏账准备金预测等，对财务部门的预算工作有支持作用。

然而，信用管理部门也有与财务部门产生冲突的时候，特别是在注销那些长期拖欠的逾期应收账款时，信用管理部门通常主张将被诊断为不可收回或收款成本过大的逾期应收账款作为坏账注销，但财务部门可能因为会计准则等原因，在坏账注销时态度过于保守。良好的操作规程可以使信用管理人员有意识地重复行之有效的工作次序，完善的信用操作规程可以避免企业违反常规做出随意的决策。决定是否接受客户申请并为其提供信用时，如果不按操作规程进行分析，企业就可能会面临额外的风险。

三、信用管理部门与销售部门之间的关系

信用管理部门与销售部门之间是相互协调、相互制约的关系。相对于财务部门，信用管理部门与销售部门之间更容易产生冲突。在一般认识水平下，销售部门的目标经常同信用管理部门的目标产生冲突。目前，管理水平比较高的企业销售人员已经意识到，没有按期收回货款的信用销售不是一个好的销售，甚至不能算是销售，而是损失。很多销售人员认为信用管理部门在阻碍他们创造业绩，信用管理人员也怕因销售人员失去订单而受到指责，其实信用管理人员只是希望剔除风险过大的客户而已。

因为信用管理的出现削弱了销售部门原有的对交易的决策权，而且信用管理部门的工作对销售部门的工作形成了一种制约，因而信用管理部门的工作有可能遭遇到销售部门的抵触。解决这类矛盾的办法在于让两个部门清楚大家共同的目标，以增加企业整体收益为重，增加有效的销售，减少坏账损失。信用管理部门有责任设立一套部门间协调工作的操作指南，建立与销售人员保持有效沟通与合作的工作程序。

信用管理部门与销售部门之间需要相互协调。在市场开拓方面，信用管理部门可以利用本部门对全行业的了解、对老客户的深入了解、熟悉征信数据库等优势，展开培训，帮助销售部门认识当前的销售方向、挖掘老客户的潜力、开拓国际市场等。销售人员比企业内部的任何部门都了解客户的外在变化情况，可以及时向信用管理部门提供动态信息。信用管理部门在调整企业信用政策时，应该与销售部门共同协商，根据实际情况做出有关条款的变更。企业要实现在坏账损失最小的情况下获得更高的赊销额，就需要销售部门和信用管理部门齐心协力的合作。

[本章小结]

本章阐述了企业信用管理部门设置的原则、职能，分析了企业信用管理部门的岗位与职责，阐述了企业信用管理部门与其他部门之间的相互联系、相互制约的关系，强调了企业信用管理部门的重要作用。

[知识掌握]

1.名词解释

权责利统一原则；企业信用管理部门职能

2.单项选择题

（1）商情科的职能是（　　）。

A.信用档案的维护与更新　　B.形成应收账款时的管理

C.在授信期限内的应收账款管理　　D.信用期限到期的应收账款管理

（2）授信科的职能是（　）。

A.信用档案的维护与更新　　B.信息系统及数据库的软硬件维护

C.客户信息的内部咨询服务　　D.授信确认函、授信通知书

（3）商账科的职能是（　　）。

A.客户调查　　B.客户信用分析　　C.客户投诉处理　　D.债权的诉讼

（4）企业的（　　）是企业信用管理部门结构设计的第一原则。

A.利润最大化　　B.赊销最大化　　C.生产最大化　　D.价值最大化

（5）信用管理部门与业务和财务部门的关系是（　　）。

A.级别相同　　B.级别偏低

C.领导业务与财务部门　　D.被业务与财务部门领导

3.多项选择题

（1）组建企业信用管理部门的注意事项包括（　　）。

A.人员　　B.顾问　　C.重视程度　　D.独立性

（2）企业员工在岗培训，可以分为（　　）培训。

A.初级　　B.中级　　C.高级　　D.不分级

（3）信用经理的能力包括（　　）。

A.信用管理工作能力　　B.文本起草能力

C.团队领导能力　　D.公关协调能力

（4）企业信用管理部门与其他部门之间的关系主要涉及的部门有（　　）。

A.采购部　　B.财务部　　C.销售部　　D.生产部

（5）（　　）应设置信用经理1名，其他信用管理人员0~1名。

A.当赊销额小于8 000万元时

B.客户数量小于200个时

C.当赊销额介于8 000万~25 000万元之间时

D.客户数量介于200~500个时

4.判断题

（1）由财务部门负责信用管理工作，信用管理的专业性较弱。（　　）

（2）由独立的信用管理部门负责信用管理工作能够有效维持并进一步发展客户关系。（　　）

（3）信用调查机构提供评级以表明客户偿债能力和总体信誉水平。（　　）

（4）企业的经营历史越长或流动比率越低，在信用评估体系中的分数就越高。（　　）

（5）担保是指当债务人不履行债务时，保证人按照约定履行债务或者承担责任的行为。（　　）

5.思考题

组建企业信用管理部门时注意事项有哪些？

［知识应用］

□ 案例分析

A公司是一家大型农资企业，2019年12月31日，根据资产负债表数据，应收账款金额比去年同期增加50%，引起了董事会的担忧。经过内部控制体系诊断，发现以下问题：

1.企业信用管理部门是销售部门下属机构，日常工作主要是处理客户销售发票、催促客户付款、建立客户信用档案等。

2.企业信用管理部门人员配备存在能力较低、数量不足的问题。为便于账务催讨，企业信用管理部门现设信用经理1名，高中学历，入职前为退伍军人。信用管理部门没有开展过任何信用风险评估工作。

3.企业信用管理部门与财务部存在职责不清、工作推诿、相互扯皮的问题。该公司货款回收工作主要依赖业务员，在回款期限上随意性较大，客户延期付款的情况较多，一些客户已形成惯性拖欠。财务部门只是事后管理，处理长期欠款。

4.销售部门为扩大业绩盲目赊销，对一些信用较差的客户缺少准确的信用风险评估。业务人员盲目开发客户，而催收货款的职责由信用管理部门负责，责任与权力不对等，形成恶性循环。

5.产品售后服务工作不到位，农村消费者对产品的合理化改进建议无法及时反馈给决策者，客户回款积极性不高，且农户地处偏远地区，催讨货款成本较高，回款工作难度较大。

经董事会决定，要求企业分管销售工作的副总经理解决这些问题。

要求：假如你是企业分管销售工作的副总经理，将如何解决这些问题？

资料来源　编者根据信用管理实训教学实践资料整理。

□ 实践训练

主题：企业信用管理部门岗位设置研讨会

内容与提要：

（1）学生以5人为一个小组；

（2）事先对一家企业进行调研；

（3）通过本课程所学习的内容，分别对该企业信用管理部门岗位设置进行分析，并与其他企业进行对比。

成果检验：

（1）召开企业信用管理部门岗位设置专题研讨会；

（2）各组分享与展示所调研得到的企业信用管理部门岗位设置报告；

（3）指出不同行业的企业在信用管理部门岗位设置上的差异，并进行对比研讨。

第3章 企业信用管理流程

［学习目标］

通过本章学习，你应该达到以下目标：

知识目标：

1.要求了解企业信用管理的流程。

2.掌握客户信息收集的来源、内容及途径。

3.熟悉客户信用档案的建立、管理、更新及运用。

4.熟悉企业信用管理与政府信用监管及行业自律管理的关系。

技能目标：

1.学会制作客户信用报告。

2.掌握如何收集客户信息并建立信用档案。

［内容架构］

企业信用管理流程

- 企业信用管理流程概述
  - 明确目标及范围
  - 拟订实施计划
  - 做好信息收集整理并形成客户信用报告
  - 建立客户信用档案
- 客户信息收集
  - 客户信息来源
  - 客户信息内容
  - 客户信息的获取途径
- 建立客户信用档案
  - 客户信用档案的内容
  - 客户信用档案管理对象
  - 客户信用档案管理模式
  - 客户信用档案管理原则
  - 客户信用档案的应用领域
  - 客户信用档案的更新
- 企业信用管理与政府信用监管及行业自律管理
  - 政府信用监管
  - 行业自律管理
  - 企业信用管理与政府信用监管、行业自律管理的关系

案例导入

规范的企业信用管理很重要

Y企业是一家大型纺织企业集团（下设5个分公司），成立于20世纪80年代。Y企业作为劳动力密集型和资金密集型企业，规范的信用管理流程直接影响到生产、销售、融资等各个环节，影响到如何进一步提高企业信用管理水平，以应对日益激烈的竞争和宏观调控等问题，因而，选择Y企业研究企业信用管理具有一定的代表意义。

调查发现，Y企业虽然对信用管理有了一定的认识，但认识程度还不够。在信用标准和信用额度方面，企业没有统一、规范的标准和控制额度，全凭销售部经理随机掌握。在信用调查与风险控制方面，对客户选择没有规范的制度和流程；交易前不调查、不评估，往往只注重人际关系等表面现象，较少关注客户财务数据；虽然设有客户档案，但缺乏相关资料，从未购买信息产品，基本上是凭主观判断进行风险评估和预测；交易中期不监控，对客户信用只了解静态情况，很少进行动态监测；交易管理不系统，使客户容易出现机会主义倾向；虽然设有账龄表，但对风险的事后控制不够有力，往往导致拖欠后才催收，延长了应收账款回收时间，增加了坏账发生的可能性，与先进的管理水平有较大差距。

该企业信息的收集和整理都是由销售人员负责，公司在这方面没有严格的要求和规定，主要的收集方式是口头交谈，很难获得对方的财务数据及其他变动情况。我们通过对Y企业掌握的客户信息状况进行调查（包括客户的基本情况、重大事项、产品市场、财务状况、信用状况等）发现，该企业对其客户的一些重要信息和资料掌握得不及时、不全面，存在着较为严重的信息不对称，处于明显的劣势，面临着较大的信用风险。

资料来源　庞建敏.企业信用管理研究——基于企业的案例分析［J］. 金融研究，2007（11）：162-171.有删减。

启示：规范的信用管理流程对企业的生存与发展有重要意义，它直接影响到生产、销售、融资等各个环节，影响到如何进一步提高企业信用管理水平，能帮助企业应对日益激烈的同行业竞争，适应宏观调控政策及经济全球化的影响等。

3.1　企业信用管理流程概述

企业信用管理流程主要有以下几个阶段：明确目标及范围、拟订实施计划、做好信息收集整理并形成客户信用报告、建立客户信用档案（如图3-1所示）。

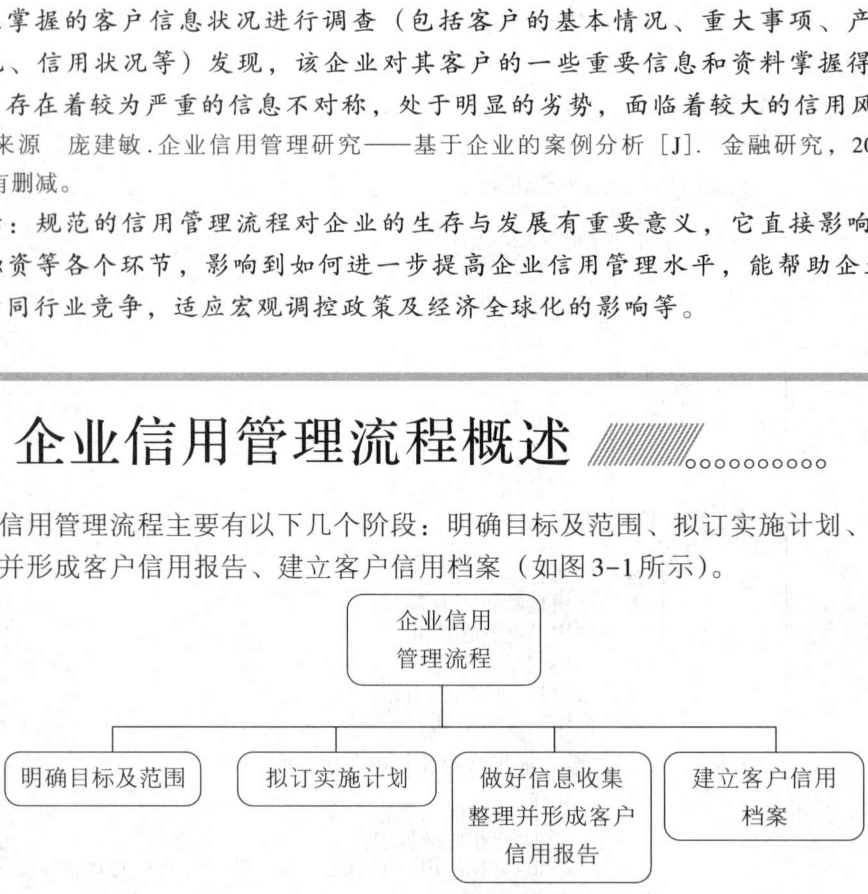

图3-1　企业信用管理流程图

一、明确目标及范围

通常情况下，在确定目标及范围时，必须充分考虑企业自身选用的信用政策、客户的信用额度以及客户的资信情况等。

根据成本–收益–风险匹配原则，不同的信用额度对应的信用风险是不一样的，这就直接决定了企业会针对不同信用额度选择适宜的信用管理策略。一般来说，给客户的信用额度越大，企业面临的交易风险越大，但是交易所产生的收益也会越大。尤其是针对信用额度巨大的客户，在与之做交易之前，必须对其进行全面系统的信用管理尽职调查和详细的判断分析，适宜采取谨慎的信用管理策略。相反，针对信用额度比较小的客户，在对其做信用调查时，可以适当简化，范围也可以相应缩小。

在确定企业的信用管理策略时，客户的规模大小也是要考虑的重要因素。企业的利润来源主要是客户，但同时客户也是产生信用风险的根源。客户的规模越大，其发生的信用风险越大，作为交易对手，企业要全面深入地掌握这个客户的信用信息，要对其进行全方位的调查。反之，客户的规模越小，其发生的信用风险越小，企业对这个客户的信用信息只需要常规了解即可，对其的信用调查可以简化处理。

针对新客户和老客户，企业采取的信用调查方式也是不一样的。新客户，由于对其一无所知，通常需要进行全面深入的信用调查，以降低交易风险。老客户，由于企业已经对其进行过信用调查并建立了相应的客户信用档案，只需要定期进行更新，把有关的项目按照最新的信息进行补充完善即可。

二、拟订实施计划

要对企业的信用进行管理，拟订一个科学有效的实施计划是十分重要的。在拟订实施计划时，必须从整体上进行规划设计，明确客户信息收集策略，包括第一手资料、第二手资料的收集，实现成本最小、收益最大目标。总的来看，一份企业信用管理实施计划至少包括目标、需要收集的资料、使用的方法和手段、时间的选择以及经费预算保障等。

（一）明确客户信息收集策略

1. 第一手资料

所谓第一手资料，是指企业通过实地调查走访客户或者直接对客户进行访谈获得的资料。第一手资料的收集方法主要有实地调查、访谈、问卷调查等。实地调查就是企业专门派出调查人员到现场去收集并核实客户的经营场所、生产规模、主要设备、主要供应商或经销商、下游客户等资料。访谈就是调查人员直接与客户面谈，收集客户有关信用动机、还款策略及历史信用情况。问卷调查是企业运用统一设计的问卷向被选取的客户了解情况或征询意见的调查方法。第一手资料具有实证性、生动性和可读性的优点；第一手资料的特点是证据直接，准确性、科学性强。

2. 第二手资料

第二手资料的来源总的来看有内部和外部两个方面。

内部资料主要是由所调查企业的各经营环节、各管理部门产生并发出的，主要包括三个方面：

（1）企业职能管理部门提供的资料，如会计、统计、计划部门的统计数字、报表、原始凭证、会计账目、分析总结报告等。

（2）企业经营机构提供的资料，如进货统计、销售报告、库存动态记录、合同签订执行情况、广告宣传效果、消费者意见反馈等。

（3）其他各类记录，如来自企业决策层的各种规划方案、企业总部做的专门审计报告，以及以前的市场调查报告等。

外部资料是指来自被调查企业以外的信息资料，主要包括以下几个方面：

（1）政府机构及经济管理部门的有关方针、政策、法令、经济公报、统计公报等。

（2）行业协会已经发表和保存的有关行业销售情况、经营特点、发展趋势等信息资料。

（3）各种信息机构，如国家经济信息中心、国家统计信息中心所能提供的各类统计资料。随着计算机技术的普及，数据库互联网服务已经成为一种必然趋势，市场调查人员可以通过已有的计算机数据库系统进行查询。

（4）其他各种大众传播媒介，如电视、广播、报纸、杂志及文献资料，也包含丰富的经济信息和技术情报。

（5）各种类型的图书馆是各种文献资料集中的地方，市场调查人员可以充分利用图书馆的优势，获得关于某个特定调查主题的资料。

3.客户资料收集程序

第一，当客户提出信用申请时，要对客户进行初步的访谈，了解客户的基本信息，然后根据客户所提供的资料，判断客户的动机。若客户的信用申请符合企业的信用政策，则有计划地安排对客户的资信做详尽的调查。

第二，全面系统地收集客户的第二手资料。要求客户提供经审计的财务报表及相关的凭证，通过外部渠道收集涉及客户的资料，综合收集的客户资料决定是否对其进行实地考察。

第三，对客户进行实地考察，包括与客户的高级管理人员面谈，了解客户的发展战略和规划，寻求关键疑问的解答。同时，利用实地考察的机会，对收集而来的客户信息进行一一核实。

（二）企业信用管理时机的选择

选择恰当的信用管理时机，有利于实现对客户信用管理的成本-收益的最优化。一方面，在即将与客户进行首次交易时，必须对客户的详细情况进行调查，及时为新客户建档。另一方面，需要重视对已有客户信息的及时更新，以便在老客户提出扩大交易规模、改变交易方式或者有关订单出现异常时，能够掌握客户的最新动态，为决策做基本的支撑。

三、做好信息收集整理并形成客户信用报告

需要对通过各种渠道收集到的客户信息进行筛选、分类、核实等处理，达到去伪存真的目的。按照统一的格式对处理过的客户信息进行分析汇总，形成客户的基本信用分析报告，结合从第三方调查机构获得的报告，最终形成客户信用报告。

（一）做好客户信息收集整理

做好客户信息的收集整理包括筛选、分类、核实、计算、判断、分析、编辑等环节。信息筛选就是从收集到的所有客户信息中提取有用的和需要更新的信息。信息分类是将筛选出的客户信息按照统一标准进行分类，包括文字描述和量化指标。信息核实是对客户的信息进行真实性、有效性和合法性的核实，达到去伪存真的目的。信息计算是依据一定的信用模型，将客户的信息转化为相应的量化指标进行计算，得出客户的信用评分和风险级别。信息判断是指对客户已有的信息和授信额度进行比对，判断其科学性。信息分析是对客户信用档案涉及的重要内容进行分析，提出相应的建议，支持有关的交易。信息编辑是指按照模块要求，对客户的信息进行定期更新，使客户的信用档案达到标准化的管理要求。

经过加工整理的客户信息，需要达到信用档案模块的要求。标准的客户信用档案模块一般具备以下几点：满足信用信息的深度和广度要求，具有动态的指数；索引设计符合国家标准和国际标准；有中英文两个版本；有客户信用评级的标准；有利于日常的信息化管理。

（二）形成客户信用报告

客户信用报告是在深入探究客户的经营发展状况和财务成果基础之上，结合股东及领导人的背景，由资信调查人员所撰写的反映客户信用相关的动因、能力的报告，是详细记录客户资信信息的载体。通常情况下，客户是指企业，特殊情况下，小微企业客户也可以是企业法人代表。它可以对客户进行信用评级，使企业准确掌握竞争对手、合作伙伴、目标客户的信息情报，提前制定应对措施，主动调整合作方式，确保企业在赚取最大利润的同时，尽可能地规避商业风险。客户信用报告的主要内容包括：

1.首页

首页包括报告名称、企业名称、报告提供机构名称、报告完成时间、报告编号、调查说明等内容，并有对报告法律责任进行的表述。

2.报告摘要

报告摘要对企业的注册信息、联系信息、经营情况、信用等级等重要信息进行概要反映。通过此部分可以快速对企业的信用状况有大致的了解。

3.报告正文

正文为全面反映企业信用状况的部分，主要包括：

（1）基本情况信息。企业注册信息、股东信息、附属机构信息、管理层及员工信息、办公设施信息等及相关变更信息。

（2）经营业务信息。主营业务及业务往来情况等信息，即采购、生产、销售信息及主要供应商、主要客户对企业的评价等。

（3）财务信息。企业资产负债表、利润表及主要财务比率，对于财务数据异常进行的备注说明。

（4）往来金融机构信息。企业开户账号、开户银行名称等信息。

（5）公共记录信息。法院、市场监管、税务、海关等行政司法部门，其他承担行政管理职能的机构、社团组织以及媒体、电子交易平台等记录的关于被调查企业正面和负面的信息。被调查企业近两年内有涉及诉讼事项的，列明涉诉有关情况。

（6）综合评述。对被调查企业发展计划、发展前景、行业发展状况等内容进行的综合评述及纵向、横向比较。在等级评定与分析基础上还可对被调查企业的信用风险和信用额度等给予参考性建议。

4.重要说明

重要说明主要包括信用等级评定方法或主要依据、等级符号与释义及其他需说明事项。

四、建立客户信用档案

客户信用档案包括企业在与客户交往过程中所形成的客户资料、企业自行制作的客户信用报告，是全面反映企业客户资信状况的综合性档案材料。建立合格的客户信用档案是企业信用管理的起点，属于企业信用管理的基础性工作。

在对客户信用档案进行保管分析的过程中，各类原始资料的保管和整理是最基本的工作。因为在交易过程中逐渐形成的客户档案原始资料是非常多的，为了避免今后的经济纠纷，这些书面的原始资料应该被完好地保存起来，切实防范企业与客户经济往来中发生的合同风险、法律风险和信用风险。

3.2 客户信息收集

一、客户信息来源

（一）企业内部信息

企业内部信息是指企业的各种业务报表和分析报告，有关生产方面、技术方面的资料以及经营管理部门的计划、经营决策等方面的情况，是第一手的信息资料。

1.企业内部信息的主要内容

企业内部信息很多，归纳起来主要有：

（1）反映企业管理部门的信息，例如企业的计划、组织、指挥、控制等情况。

（2）反映企业生产活动方面的信息，例如车间、班组的生产情况和各种记录，包括生产调度、产品质量、设备状况、各种定额和标准以及相关制度和安全措施等。

（3）反映企业经济方面的信息，例如财务、会计、统计上的各种账簿、原始记录、凭证、报表以及资金、成本、价格等情况。

（4）反映生产技术方面的信息，例如工艺流程、各项专业技术水平、新产品的研制与开发等。

（5）反映企业人事教育方面的信息，例如职工队伍、知识结构、干部素质、人事关系、教育和培训等情况。

内部信息是企业进行中底层战术决策的主要依据。

2.企业内部信息的来源

（1）企业的计划和总结。

（2）企业的经营策略和经营预测、决策资料。

（3）企业的经济活动分析资料，包括财务活动分析、生产情况分析、销售情况分析、业务活动分析等资料。

（4）企业的各种数字记录，包括会议记录、统计记录、业务记录。

（5）企业内部简报。

（二）企业外部信息

企业外部信息是指从企业外部获取的信息。如政府部门的政策、法规，相应职能部门的各种统计、调查资料和分析报告，相关行业竞争者的情况以及从各种渠道获得的国内外市场的各种信息等，是第二手的信息资料。

1.企业外部信息的主要内容

（1）宏观社会环境信息。其包括国内政治经济形势、社会文化状况、法律环境等信息。

（2）科学技术发展信息。其包括与企业经营相关的科学技术发展信息，这些信息往往展示产品发展的方向，在新产品研发中发挥重要作用。

（3）行业发展信息。其主要包括企业生产所需要的设备、原料，外购元器件、零部件和能源等物资的供应和来源分布。

（4）市场信息。这是营销信息的主体，它反映商品供需关系和发展趋势，主要包括市场需求信息、竞争信息和用户信息。

2.企业外部信息的来源

企业可以从公开出版和非公开出版两个信息渠道得到有价值的战略信息。公开出版的战略信息来源包括：杂志、报告、政府文件、书籍、企业名录、报纸及手册等。非公开出版的战略信息来源包括：顾客调查、市场研究、在业务会议和股东会议上的讲话、电视节目、采访、与利益相关的谈话等。计算机和互联网使企业可以更容易地收藏、消化和评价信息。

互联网为顾客和商家提供了大量的服务和信息资源，这些资源来自全世界。交互式的服务不仅让顾客使用世界各地的信息，也可以让其与创建这些信息的个人或企业进行交流。个人和企业取得成功的历史性障碍——时区和文化差异已经消除了。互联网对人们的生活非常重要，就像电视和报纸一样。

二、客户信息内容

（一）企业基本信息

1.企业成立时间

企业成立的时间越长越好，存在时间长，说明企业能够适应市场环境，具有强大的生命力。据有关部门统计，一个企业的破产率与该企业成立的时间长短有很大关系，破产的高峰期主要集中在企业成立后前3年，一般破产率在20%左右，到成立后第10年，破产率逐步趋于平稳，一般在5%上下徘徊。所以，一个企业成立时间的长短是一个很重要的信号，在寻找合作伙伴时要特别注意这一点。当然，这并不是说绝对不能与新成立的企业打交道。

2.企业经营范围

企业的经营范围是指企业在经营活动中所涉及的领域，具体表现为企业具有什么样的生产项目、经营种类、服务事项等。企业要有一定的经营范围，以便开展经营活动。同时，确定企业的经营范围，可以方便投资者了解企业资金的投入方向，也就是资金投入的项目以及该项目已经存在或者可能存在的风险；为企业开展经营活动确定大体的范围，有利于企业经营活动的专业化发展；有利于企业董事、监事、经理以及其他高级管理人员认清企业发展的前景以及努力的方向；有利于建立和维护一定的管理秩序、经营秩序，防止市场竞争的无序状态。然而，由于主客观情况的变化，企业的经营范围并不是固定不变的，企业可以根据需要更改自己的经营范围，或者扩大经营范围，或者缩小经营范围，这是法律允许的。但是，企业决定或更改自己的经营范围，应当经过法定程序。如果企业超出经营范围和资质订立合同，往往要承担不利的后果。

3.企业发展战略

在企业发展战略的制定和实施过程中，不管你是战略防御还是战略进攻，其中都会存在重中之重，这是任何事物的必然规律。抓住了事物的主要矛盾，就抓住了问题的实质，会使问题的解决事半功倍，许多问题都会迎刃而解。企业发展战略的重点是企业的竞争力。企业的竞争力基于对企业内部要素的客观分析和评价，它取决于行业结构和企业相对的市场地位。企业核心竞争力才是企业发展战略的核心。一个企业要获得持久的竞争优势，就必须有清晰的战略。

4.企业注册资本

注册资本是企业生产经营的基础，是企业承担债务与风险的保证，但它不是一成不变的。要注意企业注册资本与企业实有资本是不同的，企业实有资本是一个变量，随着企业经营状况的变化而变化。有限责任公司，包括有限责任公司、股份有限公司，均以其公司实有资本额为限，对公司债务承担责任。企业的经营能力与企业的资本实力有着密切的关系。

5.企业类型、名称及商标

公司类型不同，往往承担责任的方式也不同。比如子公司和分公司就有很大差异。子公司的债务由子公司承担，因为它具有企业法人资格，独立承担对外债务，偿还不了时，破产倒闭。分公司由具有企业法人资格的经济组织设立，分公司本身不具备企业法人资格，没有独立的财产，没有自己的章程，依附于设立它的经济组织，当分公司所欠债务偿还不了时，由设立它的经济组织代为偿还。

在一些特定的历史时期，公司的名称是非常重要的。虽然从投资原理来看，一家公司的名称对投资者并没有那么大的影响，但是从认知的角度来看，很多投资者却高度关注公司名称。在国内，如果公司出现了重大的业务板块调整，或者重大的股权变更，那么公司会进行名称调整。

任何实体企业的商标都是企业的价值所在，是企业的一项核心资产。企业必须注册自己的商标，这样才能受到法律保护。有了品牌商标，企业就有了自己的经营核心，这有利于促进企业的产品销售。

企业有自己的品牌商标很重要，每一个创办企业的老板都应该重视自己的品牌商标，也要保护好自己的品牌商标的法律权利，这样才能在竞争中取得优势，使自己的企业和品牌在市场上占据一个有利位置。

（二）人力资源信息

1.股东及经营者情况

随着企业的发展，股东有进有出，在分配上必然会产生种种利益冲突。同时，实践中，存在隐名股东、干股等特殊股权，这些不确定因素加剧了公司运作的风险。当公司运作后，各种内部矛盾凸现，在矛盾中股东维护自身利益的依据就是股权比例和股东权利。所以，实践中如果投资者忽视股权比例和股东权利的调整，最后在公司内部矛盾中会陷于进退两难的境地。而这种局面也会让公司面临风险，因此，合理的股权结构是公司稳定的基石。

合作伙伴诚实可靠，并且有较强的业务开拓能力，是项目、事业合作成功的保障和基础。为此，要对合作伙伴的经历、学历、信用、性格特点，主要经营者之间的关系，实际经营者与其继承者的关系，经营者对现代经营管理知识的认识与实践程度，经营者的经营作风、履约情况以及经营者的经营能力进行调查。

2.劳务状况

劳务状况包括企业员工的数量、构成比例、流动率、敬业精神、薪金水平和工会组织的作用，劳资之间协调与否，也会对企业发展产生很大影响。

3.技术素质

技术素质主要包括企业的生产装备及生产工艺的技术水平、产品技术标准；技术开发、技术替代、技术储备；研发能力、研发投入、研发人员、研发成果等情况；自主知识产权及取得的专利情况；企业获得的荣誉称号，主要品牌及其知名度、品牌效应。

（三）物力资源信息

1.自然条件

企业建立的地点，既是企业经营的最基本条件，也是企业经营的最基本方针之一，主要考察企业所在地的地形、地质、水文、风向等是否合适。

2.能源供应条件

能源条件如何，例如有色金属的冶炼、炼钢、轧钢、重型机械等消耗能源的企业，是否接近电站、电网。水源条件如何，如纸浆厂、造纸厂、发电厂等用水量大的企业，是否接近水源。交通运输条件如何，距离航空港、铁路、公路、水运等交通线的远近情况。企业是否接近原料产地，材料供应是否便利。

3.厂房设备情况

（1）土地使用权情况

土地使用权是企业重要的财产之一，通过查看土地使用权证，可以初步了解被调查企业主要的不动产情况。通过委托律师到土地登记机关可以查询土地使用权证是否真实，该土地使用权是否已经办理过抵押、是否有法院等司法机关的查封，了解土地使用权的实际情况及价值。根据土地使用权证上的地址进行实地探访，确认土地的使用状况。

（2）房屋所有权情况

房屋所有权是企业重要的财产之一，通过查看不动产证，可以初步了解被调查企业的主要财产情况。

通过委托律师到房地产交易登记部门可以查询房屋所有权是否真实，房屋是否已经办理过抵押以及是否有法院等司法机关的查封，了解房屋的实际情况及价值。根据不动产证上的地址进行实地探访，确认房屋的使用状况及价值。

（3）设备抵押或质押情况

通过现场查看可以了解具体设备的型号以及使用年限，初步掌握设备的价值。通过去有关部门查询可以了解设备是否已经办理过抵押或质押，了解设备的实际情况。

（四）财务信息

财务信息指标主要有偿债能力、营运能力、盈利能力等方面指标。为便于使用，各指标均有一个合理的参考值，但是，由于各行业的经营性质、经营环境、经营条件不同，所以，在使用参考值时，需要根据实际情况，具体问题具体分析，以准确把握客户财务状况。

1.偿债能力

（1）资产负债率（负债比率）

资产负债率=负债总额/资产总额×100%

该指标说明在公司的总资产中，债权人提供资金所占的比重，以及公司资产对债权人权益的保障程度，反映公司负债经营程度。负债比率越大，企业面临的财务风险越大，获取利润的能力也越强。如果企业资金不足，依靠欠债维持，导致资产负债率特别高，就应该特别注意偿债风险。一般认为，资产负债率在60%～70%，比较合理、稳健；达到85%及以上时，应视为预警信号，企业应重点关注。

（2）流动比率

流动比率=流动资产/流动负债

一般认为，流动比率为2比较合理。

流动比率可以反映短期偿债能力，流动资产越多，短期债务越少，则偿债能力越强。该比率排除了企业规模不同的影响，适合企业间以及本企业不同历史时期的比较。一般情况下，营业周期、流动资产中的应收账款数额和存货周转速度是影响流动比率的主要因素。

（3）速动比率

速动比率=（流动资产-存货）/流动负债

速动比率比流动比率更能体现企业偿还短期债务的能力。因为流动资产中，尚包括变现速度较慢且可能已贬值的存货，因此将流动资产扣除存货再与流动负债对比，能更准确衡量企业的短期偿债能力。一般认为速动比率为1比较合理，小于1的速动比率被认为是短期偿债能力偏低。影响速动比率可信度的重要因素是应收账款的变现能力。

［例3-1］某公司2019年年末流动资产合计2 000万元，其中存货500万元，应收账款400万元，流动负债合计1 600万元，请用比率分析法计算该公司2019年速动比率。

解：根据速动比率的计算公式，可得：

速动比率=（流动资产-存货）/流动负债=（2 000-500）÷1 600=0.94

速动比率用于衡量企业流动资产可以立即变现偿还流动负债的能力。该公司2019年速动比率为0.94，小于1，说明短期偿债能力偏低。

（4）利息支付倍数（利息保障倍数）

利息支付倍数=息税前利润/利息费用

一般认为，企业设置的标准值为2.5。

该指标用以衡量偿付借款利息的能力。只要利息支付倍数足够大，企业就有充足的能力偿付利息，否则相反。

2.营运能力

（1）存货周转率

存货周转率=销货成本/平均存货

一般认为，企业设置的标准值为3。

存货周转率是衡量存货周转速度的主要指标。提高存货周转率，缩短营业周期，可以提高企业的变现能力。存货周转速度反映存货管理水平，存货周转率越快，存货的资金占用水平越低，存货转换为现金或应收账款的速度越快。它不仅影响企业的短期偿债能力，也是整个企业管理的重要内容。

（2）应收账款周转率

应收账款周转率=销售收入/平均应收账款

一般认为，企业设置的标准值为3。

应收账款周转率越高，说明应收账款的收回速度越快。反之，说明营运资金过多呆滞在应收账款上，影响企业正常资金周转及偿债能力。应收账款周转率要结合企业的经营方式考虑，以下几种情况使用该指标不能反映实际情况：第一，季节性经营的企业；第二，大量使用分期收款结算方式的企业；第三，大量使用现金结算的销售；第四，年末大量销售或年末销售大幅度下降的企业。

［例3-2］某公司2019年年末销售收入合计800万元，平均应收账款400万元，请用比率分析法计算该公司2019年应收账款周转率。

解：根据应收账款周转率的计算公式，可得：

应收账款周转率=销售收入/平均应收账款=800÷400=2

应收账款周转率用于衡量企业的资金周转能力。该公司2019年应收账款周转率为2，小于3，说明资金周转能力偏低。

（3）流动资产周转率

流动资产周转率=销售收入/［（期初流动资产+期末流动资产）/2］

一般认为，企业设置的标准值为1。

流动资产周转率反映流动资产的周转速度，周转速度快，会相对节约流动资产，相当于扩大资产的投入，能增强企业的盈利能力；而周转速度慢，需补充流动资产参加周转，导致资产的浪费，会降低企业的盈利能力。流动资产周转率要结合存货、应收账款一并进行分析，与反映盈利能力的指标结合使用可全面评价企业的盈利能力。

（4）总资产周转率

总资产周转率=销售收入/平均资产总额

一般认为，企业设置的标准值为0.8。

该项指标反映总资产的周转速度，周转越快，说明销售能力越强。企业可以采用薄利多销的方法，加速资产周转速度，带来利润绝对额的增加。

总资产周转率指标用于衡量企业运用资产赚取利润的能力。与反映盈利能力的指标结合使用可全面评价企业的盈利能力。总资产周转率指标反映的是资产总额的周转速度，周转率越大，说明总资产周转速度越快，销售能力越强。

3.盈利能力

（1）销售毛利率

销售毛利率=（销售收入-销售成本）/销售收入×100%

一般认为，企业设置的标准值为15%。

该指标表示每1元销售收入扣除销售成本后，有多少钱可以用于各项期间费用和形成盈利。销售毛利率是企业销售净利率的最初基础，没有足够大的销售毛利率便不能形成盈利。企业可以按期分析销售毛利率，据以对企业销售收入、销售成本的发生及配比情况作出判断。

（2）销售净利率

销售净利率=净利润/销售收入×100%

一般认为，企业设置的标准值为10%。

该指标反映每1元销售收入带来的净利润是多少，表示销售收入的收益水平。企业在增加销售收入的同时，必须要相应获取更多的净利润才能使销售净利率保持不变或有所提高。销售净利率可以分解成为销售毛利率、销售税金率、销售成本率、销售期间费用率等指标进行分析。

（3）总资产收益率

总资产收益率=净利润（息税前利润）/平均资产总额×100%

企业设置的标准值根据实际情况而定。

总资产收益率把企业一定期间的净利润与企业的资产相比较，表明企业资产的综合利用效果。指标越高，表明资产的利用效率越高，说明企业在增加收入和节约资金等方面取得了良好的效果，否则相反。

［例3-3］某公司2019年年末息税前利润为1 800万元，平均资产总额为23 400万元，同行业总资产收益率为5%，请用比率分析法计算该公司2019年总资产收益率。

解：根据总资产收益率的计算公式，可得：

总资产收益率=净利润（息税前利润）/平均资产总额×100%=1 800÷23 400×100%=7.69%

总资产收益率用于衡量企业盈利的能力。该公司2019年总资产收益率为7.69%，高于同行业，说明企业盈利能力较好。

（4）净资产收益率

净资产收益率=净利润/平均股东权益×100%

一般认为，企业设置的标准值为8%。

净资产收益率反映公司所有者权益的投资报酬率，也叫净值报酬率或权益报酬率，具有很强的综合性，是最重要的财务比率。杜邦分析体系将这一指标分解成相联系的多种因素（总资产周转率、销售净润率、权益乘数），进一步剖析影响所有者权益报酬的各个方面。

（五）宏观经济信息

严格来说，宏观经济信息属于企业外部信息，鉴于其与行业及企业关系较大，故放在此处介绍。

1.经济周期

在市场经济条件下，任何经济模式都是在波动中发展的。这种波动大体上呈现出复苏、繁荣、衰退和萧条的阶段性周期循环，即为经济周期。经济周期的波动与循环是经济总体发展过程中不可避免的现象。从财务的观点看，经济的周期性波动要求企业顺应经济周期的过程和阶段，通过制定和选择富有弹性、灵活的财务战略，来抵御经济震荡，减少不良因素对财务活动的影响。

2.行业发展状况

行业是由许多同类企业构成的群体。如果我们只进行企业分析，虽然我们可以知道某个企业的经营和财务状况，但不能知道其他同类企业的状况，无法通过比较知道企业在同行业中的位置，而这在高度竞争的现代经济中是非常重要的。另外，行业所处生命周期的位置制约着或决定着企业的生存和发展。

三、客户信息的获取途径

1.公共媒体信息

公共媒体的信息源包括电话黄页、互联网、广告、报纸、杂志等。这一类信息的特点是容易获得、信息量较大、筛选工作效率较低，但仍是我们获得信息的一个重要途径。

2.政府信息

（1）市场监督管理局和税务局信息。企业需要关注新注册的企业信息、行业客户的完整信息、规模企业的完整信息。同时可以从市场监督管理部门的指定媒体等渠道获得新企业的注册信息，进行电话调查。

（2）政府管理部门的信息中心，信息化组织发行的报纸、杂志。目前城市的政府机构信息化建设均有一定的规模，基本都成立了信息中心，它们之间没有上下级的隶属关系，这些机构非常了解其职能范围内的企业信息，是我们重要的信息渠道。

（3）国家统计局统计年鉴。统计年鉴是各城市统计局根据国家数据统计的要求对地方企业经济进行汇总分析的文献资料，它有企业销售、产值、利税等各种统计数据分析，是一个非常好的信息筛选资料，此资料可以通过图书发行机构购买。

3.经济组织信息

（1）城市经济开发区内的企业信息。每个城市根据经济特点均成立了各种规模和特色的经济开发区，每个开发区均有管理机构——开发区管委会，我们可以通过管委会获得企业信息，进行筛查，效果较好。

（2）各行业协会、俱乐部、社会团体的分类企业信息。根据调查，目前全国各级城市的政府部门正在将一些过去由政府直属管理的各行业协会，交给行业有影响的企业群体自主选举和自主管理，行业协会的职能在转化。这些协会非常了解行业中的企业信息状况和需求，可以重点调查。

（3）著名的大型集团企业的许多分支机构信息。大型集团企业均有信息中心，我们可以通过对集团的信息化调查了解到近期和远期的企业需求。

4.城市的各种会议、活动信息

该信息途径是一个高效的情报调查途径，它将为我们获取有效商机提供非常有价值的信息。关注城市的所有酒店、宾馆、大型会议展馆；及时收集各企业、机关、组织举行的各种展览、会议、贸易活动、市场推介会、促销会、培训的参与企业信息。

5.专业信息组织

有许多城市有专业的信息调查公司，我们可以通过合作获得有效的信息。如客户的项目攻关遇到较多的竞争对手，客户的理性程度会受影响。

6.竞争对手信息

（1）竞争对手的各项市场活动。竞争对手的各项市场活动是非常直接的高效率获取有效商机的途径。竞争对手在有目的地通过市场活动推动某些项目时，会召集重点客户进行攻关，我们可以事半功倍地间接获取信息。但是这类信息的采集要注意方式方法，可以从报道的信息中获取。

（2）竞争对手的客户资料信息可以通过必要的内线途径获取。

（3）竞争对手的商机资料。我们可以从竞争对手的签约客户中发现一些机会，包括服务实施不好的、客户需求需要扩展的、客户需要增加的。

7.合作伙伴信息

合作伙伴包含供应商、制造商、运输商、零售商以及客户等多个主体，我们可以通过这些环节去获取客户的信息。

8.社会关系信息

通过同学、战友、老同事、亲属、朋友介绍获取信息。

9.市场活动信息

市场活动信息包括通过组织市场活动、邮寄广告、各种形式的市场宣传获得信息。

10.已有的资源信息

（1）老客户信息。老客户介绍与推荐；具备二次购买可能的老客户信息。

（2）客户关系管理系统发布的跟踪客户信息。

（3）潜在需求客户信息。

（4）客户咨询的热线电话信息。

3.3 建立客户信用档案

一、客户信用档案的内容

客户档案原始资料是客户信用档案的基础内容，常见的客户档案原始资料主要有：交易过程中的合同、谈判记录、可行性研究报告和报审及批准文件；客户的法人营业执照、事业法人证书的复印件；客户履约能力证明资料复印件；客户的法定代表人或合同承办人的职务资格证明、个人身份证明、介绍信、授权委托书的原件或复印件；客户担保人的担保能力和主体资格证明资料的复印件；双方签订或履行合同的往来电报、电传、信函、电话记录等书面材料和视听材料；签证、公证等文书材料；合同正本、副本及变更、解除合同的书面协议；标的验收记录；交接、收付标的、款项的原始凭证复印件；客户信用报告，包括被调查公司的概况；股东及管理层情况；财务状况等。

二、客户信用档案管理对象

（一）按时间序列划分

管理对象包括老客户、新客户和未来客户。以老客户和新客户为重点管理对象。

（二）按交易过程划分

管理对象包括曾经有过交易业务的客户、正在进行交易的客户和即将进行交易的客户。对第一类客户，不能因为交易中断而放弃对其的档案管理；对第二类客户，需逐步充实和完善其档案管理内容；对第三类客户，档案管理的重点是全面收集和整理客户资料，为即将展开的交易业务准备资料。

（三）按客户性质划分

管理对象包括政府机构（以国家采购为主）、特殊公司（与本公司有特殊业务等）、普通公司、顾客（个人）和交易伙伴等。这类客户因其性质、需求特点、需求方式、需求量等不同，对其实施的档案管理的特点也不尽相同。

（四）按交易数量和市场地位划分

管理对象包括主力客户（交易时间长、交易量大等）、一般客户和零散客户。不言而喻，客户信用档案管理的重点应放在主力客户上。总之，每个企业都或多或少地拥有自己的客户群，不同的客户有不同的特点，对其的档案管理也有不同的做法，从而形成了各具特色的客户信用档案管理系统。

客户信用档案管理对象的划分如图3-2所示。

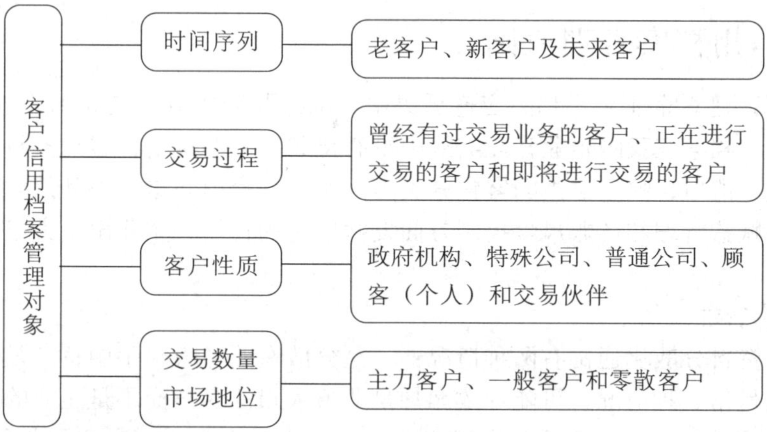

图3-2　客户信用档案管理对象图

三、客户信用档案管理模式

一般来说，企业客户档案资料的收集、处理、评价的成果都具体体现在标准版式的企业信用报告中，它构成合格的客户信用档案的核心内容。对于企业的客户档案管理工作，一个合格的最简单的客户档案就是一份普通版本的企业信用报告，换言之，客户档案库的数据平台就是普通版本的企业信用报告，客户信用档案就是在此基础上建立的。客户电子档案资料的建立和维护随着企业发展阶段的不同，其操作方式和总体架构也会随之不同。目前比较常见的客户信用档案管理模式主要有两种。

（一）简单的客户档案管理

大多数处于初级阶段的小规模企业，企业的营业额总体比较小，并且企业的客户量不是很大，因此就是将一些客户信用档案形成电子化文档资料，通过Word、Excel等办公自动化软件进行简单的编辑、统计等操作。这种管理模式的优点是成本比较低，对管理人员的技术水平要求不高；缺点是对于客户资料的分析效果不是很好，资料整合和再利用的可能性不是很大。

（二）客户档案数据库管理

企业发展到一定程度，客户的数量达到一定的规模，必须建立客户档案库才能更好地对客户进行管理。在实际操作中，客户档案数据库的建设采用两种模式：一种是单独的客户信用档案数据库的建设；另一种是融合在企业的信息化管理系统中，其中的某一部分是客户信用档案数据库。企业数据库建设的前提是有一位训练有素的信用管理经理主持和作出合理的预算，在预算允许的前提下，也可以聘用信用管理专家到企业帮助建立客户档案和对企业档案人员进行培训。与企业的客户档案建设预算相关的因素很多，主要包括企业的总客户数、核心客户数、国内外客户比例、计算机管理系统的水平、企业本地市场扩张速度、并购计划、海外发展计划等。它们都与企业客户档案数据库的预算成正比例变化关系。在国内，根据目前信用报告等产品的价格和经验数据可以预估客户档案数据库建设的投资规模。此外，在客户档案数据库的建设过程中，要充分应用数据挖掘技术，根据企业客户档案的特点建立合理的数据挖掘分析模型和挖掘方法，从大量客户档案原始资料中通过数据选择和检测，揭示隐含的具有潜在价值的信息。

四、客户信用档案管理原则

实践证明，建立企业客户档案应遵循集中、动态和分类管理的原则，进行科学管理。长期以来，客户档案在我国企业管理实践中没有得到应有的重视，客户资料分散化，数据信息更新缓慢、滞后，缺乏恰当的客户分类等问题十分突出。这些不利因素限制了客户档案在企业应收账款管理和坏账风险控制方面发挥应有的作用，企业出现大量本可避免的坏账损失。

（一）集中管理

企业客户资料分散化通常有两种情况：一是分散在业务人员手中；二是分散在企业各个部门。如果是第一种情况，可能导致客户是业务人员的客户而不是企业的客户，因为企业的管理层并不熟悉每一个客户，所以当业务人员离开企业后，客户及业务也随之离去，给公司造成重大的经济损失。现实生活中，这种案例屡见不鲜，如某公司的销售人员因为某种原因离职或者集体离职，同时将掌握的客户资料和关系带给公司的竞争对手，造成该公司销售额在短时间内巨幅下滑。更严重的还有，如果业务人员带走了销售合同和发货单据，就会使某些客户拖欠的账款变成坏账，无法追回。再加上企业长期支付业务人员的工资和维护客户的费用，损失不可低估。如果是客户资料分散在各个部门，虽然可以杜绝个人掌握企业客户资源的问题，但也会引发部门之间、部门与整个企业之间平衡利益关系的问题。在实践中，具体表现在多个部门与同一客户交易，结果可能是不同的部门为了赢得订单而提供一个比一个更优惠的信用条件。部门的利益保住了，但损害了企业的整体利益，同样的情况还可能发生在总公司和分公司之间。因此，针对客户资料分散化的问题，企业唯一的解决办法就是对客户档案进行集中管理。集中管理客户档案后，公司可以进行统一授信，全面跟踪，及时抑制可能出现的问题。在集中管理的模式下，企业仍然要注意加强信用管理部门的工作人员的职业道德教育，使其意识到客户档案是企业的特殊资产，也是企业商业秘密的重要内容。

（二）动态管理

所谓动态管理，是指对于客户信用档案信息要不断更新。这是因为客户本身的情况是在不断变化的。就客户的信用报告来讲，它是一份即期的客户档案，有效期一般在3个月到1年。超出这个时间，就要对客户进行新的调查。对档案实施动态管理的另一个目的是，随着客户的财务、经营、人事变动，定期调整对客户的授信额度。信用管理部门的授信应该按客户协议进行，一般以年度为单位确定本期授信的有效期。当客户的基本情况发生变化，信用额度也要随之进行调整。长期积累客户信息也非常关键，通过完整的历史记录可以看到客户的发展趋势，更好地对客户的发展潜力进行分析。此外，历史积累数据是进行统计分析的基础，可以帮助挤掉客户财务报表的部分“水分”，提供相对比较准确的预测基础。总之，客户档案不是静态的，而是一个动态变化的集成过程。

（三）分类管理

对客户信用档案进行恰当的分类，主要是基于客户对企业的重要性和客户档案管理费用进行考虑。一方面，企业客户规模的大小不一，对企业销售额的贡献程度也不同，理应区别对待；另一方面，进行客户档案管理也要考虑到成本效益原则，尽量使有限的资源发挥最大的经济效用。考虑到客户对企业的重要性因素，信用管理部门可以将客户分成普通客户和核心客户，划分的标准是企业与客户的年平均交易额，同时要考虑与客户交往的时间长短。核心客户与企业的交易量大，是利润的主要来源，统计数据显示，国有工业企业80%以上的销售额来自这类客户，如果该类客户出现风险，对企业所造成的损失将是巨大的，对该类客户的管理尤为重要。一旦将某客户划入核心客户范围，对其档案进行管理的复杂程度就会提高，对应的档案管理费用也会有所提高。费用提高的主要原因在于，对核心客户要进行深层次的资信调查，同时要保证信息的及时更新。所以对于经费预算相对困难的企业，应该在短期内控制企业核心客户的总数。对于核心客户的重点管理并不意味着可以放松对普通客户的管理。普通客户数量多、交易额小，应用群体分析和评分控制更为简便、有效。值得注意的是，企业有一些多年保持生意来往的中小客户，尽管企业与它们的年交易额并不高，也要给予必要的关注，不能因其是老客户，并且交易额不大而忽视对它们的风险防范。

五、客户信用档案的应用领域

作为客户的信用记录，客户信用档案归纳起来主要应用在以下方面：

（1）商务合作方面，可以大大减少合作双方之间因为不信任需要考察时间。

（2）金融信贷方面，可以提高银行对企业放款的可能性和加快放款速度。

（3）市场拓展方面，可以大幅度提升企业营销成功率，让营销简单化。

（4）成本方面，可以降低融资成本，企业信用好，风险小，银行的贷款浮动利率会优惠。

（5）人才招聘方面，良好的企业信用有利于企业招聘到好人才。

（6）招标投标方面，信用档案形成的良好信用记录，可以加分。

（7）风险预警方面，信用档案提供不良信息预警通知服务。

（8）在民间借贷方面，良好的信用有助于企业借到款。

（9）在团队建设方面，良好的企业信用，可以提升团队的士气。

（10）在广告宣传方面，没有信任就没交易，可以使宣传效果倍增。

（11）企业发展方面，信用档案可以让企业发现自身不足，提高管理水平。

（12）信用积累方面，企业信用档案将成为企业最重要的无形资产。

六、客户信用档案的更新

客户信用档案的更新包括更新客户信用档案的时效与内容。从时效上看，客户信用档案的更新分为定期更新和不定期更新。实践中，客户信用档案最常见的更新时间一般定为上一次更新信用档案后的3~6个月。如客户的信用信息发生变化，信用信息采集人员不定期采集客户信用信息后，档案管理人员应核实这些新的资料数据，并将这些变化录入档案中。

客户信息的更新包括客户基本资料的更新和财务报表的更新，具体包括企业名称、注册资本、注册地址和办公地址、经营范围和经营期限、法定代表人、企业联系方式、财务报表等的变更。

档案管理人员通知相关人员采集信息后，信息采集人员应与客户联系。信息采集人员接到通知后，应首先与客户取得电话联系，告知需要采集的相关内容，并向客户发出一份正式的客户信用信息更新通知书。

通过其他渠道采集信用信息若与原始档案所包括的内容不同，应制作信用信息更新表，并与原始档案一并存档。

3.4 企业信用管理与政府信用监管及行业自律管理

一、政府信用监管

政府信用监管是指政府对监管对象是否讲诚信、是否符合制度规范、是否履约实施的综合监管。一般而言，信用活动都是三维的，每个部门的监管都涉及三个维度的监管，如市场监督管理局的监管包括对其监管对象的诚信度监管、社会关系的合规监管和经济交易的合同监管。

通常情况下，政府信用监管内容都是三维信用管理，相应的信用监管制度与措施也是针对三维信用分别制定的。无论是哪个维度的监管，监管的主体都是政府各个职能部门，监管的对象都是企业和个人。

(一) 政府信用监管机构的设置

政府信用监管是长期任务，应有常设机构专司其职，各行政职能部（委）应设信用监管司（局）。

我国市场经济建设的任务是艰巨的、历史性的，市场经济在建立与完善的过程中需要良好的信用环境与信用秩序。信用建设将伴随着市场经济建设逐步发展，在市场经济发展的不同阶段，对信用建设的内容与重点的要求亦有不同，这就决定了对于我国社会信用体系建设，政府信用监管将是长期的、艰巨的，需要不断发展与完善。为了实现这一长期艰巨的任务，就必须建立专门的管理机构，以使其职能长期延续并不断发展。

政府信用监管建设应该纳入社会信用体系建设总体规划之中，并且应该作为总体规划的一个重要组成部分。政府信用监管建设的主要内容应该包括组织机构建设、制度建设、职能建设、行政监督管理执行能力建设等。其中，组织机构建设是重中之重，特别是对于信用监管。

迄今为止，政府专门成立机构针对信用制度、信用环境、社会信用秩序、信用交易等进行管理的情况比较少见。但是，针对我国的实际情况，有必要设立专门的政府信用监管机构，形成一系列信用制度与信用管理措施，使有中国特色的市场经济健康发展。因此，在我国，政府信用监管机构设置与制度建设是一项创新性的工作。

（二）政府信用监管机构的监督内容

政府信用监管内容很多，总体看来，应该包括诚信度监管、合规监管和经济践约监管3个方面。

1.诚信度监管

诚信度是指信用主体的基本诚信素质，涉及信用主体的诚信素质、招商素养、行为准则等内容，是一个意识形态层面的概念。诚信度监管主要涉及道德、文化、心理范畴。道德监管主要是监管企业和个人的道德水平。监管部门首先要制定道德规范标准，以此为依据来监督监管对象的道德水平。

2.合规监管

合规度是指信用主体在社会活动中遵守社会行政管理规定、行业规则、民间惯例的水平和能力，是获得管理者信任的社会资本。相应地，合规监管主要涉及政策、准则、制度范畴。合规监管主要监管企业和个人的合规情况。

合规监管的行使主体为政府部门，监管依据为各类法律法规、部门规章、行业规范等，具体手段包括奖励措施和惩罚措施，即奖励合规的监管对象，惩罚违规的监管对象；对于遵守规定的企业给予政务便利、政策扶持或资金支持；而对于违反规定的企业则采取行政和经济手段予以惩戒。现阶段，在我国失信惩戒机制无法完全发挥作用的时期，合规监管不失为一种有效的信用监管方式，既能做到有据可依，保证监管的公平性，也能运用有效的手段确保实现监管目的，以维护社会秩序的有效性。

3.经济践约监管

经济践约监管主要涉及经济交易范畴，对企业和个人的经济践约情况进行必要的规范和管理。监管部门首先要制定践约标准，并以此为依据来监督企业和个人的践约情况，企业和个人的践约情况可用践约度来反映。践约度是诚信度和合规度在经济交易领域的具体表现，直接体现在社会经济关系和交易活动中。

二、行业自律管理

行业自律管理是指行业协会制定行业信用管理制度约束自己及行业内企业，行业自律包括两个方面，一方面是行业内对国家法律、法规、政策的遵守和贯彻，另一方面是行业内的行规、行约制约行业企业的行为。而每一方面都包含对行业内各企业成员的监督和保护的机能。

（一）行业自律管理的特点

发达国家企业多成立行业协会，普遍有比较完善的自律管理体系。与其他行业自律管理相比，信用管理行业自律管理具有以下突出特点：

1.信息共享是自律组织成立的核心目的

绝大多数信用管理行业自律组织都将“信息共享”作为主要职责之一，依托自律组织内部的信息共享，为信用信息的采集和处理带来极大便利，从而促进信用机构信息采集和处理效率的提高。

2. 信用管理行业自律组织国际化的特点尤其明显

信用管理行业自律组织往往体现出跨国、跨地区的特点，其企业成员涵盖数十个国家和地区。

3. 信用管理行业自律组织对成员的约束力较强

有些信用管理行业自律组织出于实现信息共享的目的，会强制要求其企业成员提供并共享信息，同时对信息的使用等作出严格限制。在约束对象方面，除信用管理机构外，还包括信息提供者和信息使用者。

（二）行业自律管理的主要内容和手段

信用管理行业自律管理作为信用管理的有机组成部分，与政府信用监管不同，强调的是自我管理，形成了特有的管理运行体系和机制。

1. 行业自律管理的主要内容

（1）对会员机构的管理。其主要内容是组织签订自律公约，督促会员依法、合规经营。协调会员之间、会员与其他市场参与主体和政府之间的关系，代表信用管理行业向政府提出改善信用市场经营环境的建议。

（2）会员信用业务管理。行业自律组织严格遵守国家有关法律法规，制定严格细致的信用业务程序和制度，推动信用管理行业规范有序开展业务。

2. 行业自律管理的主要手段

信用管理行业自律管理主要依托各项公约、标准，强调自我管理，共同遵守，其主要包括以下3个方面：一是制定自律公约，并且通过执行行业标准、行业指导性条款和从业守则来约束不正当竞争行为。二是开展行业自律性监督活动。对信用管理机构实施行规、行约等情况进行评估，建立自律公约执行情况披露制度。对违反行规、行约的会员，予以相应惩罚。三是开展信用管理从业人员资格认定、行业宣传和对外交流活动。

三、企业信用管理与政府信用监管、行业自律管理的关系

企业信用管理属于微观层面，是基础。行业自律管理属于中观层面，是政府信用监管的补充。行业自律组织在政府监管机构和企业之间发挥桥梁和纽带作用，为企业提供了一个沟通、交流情况及意见的场所，可以将企业面临的困难、遇到的问题、对信用管理市场发展的意见和建议向政府信用监管机构反映，维护企业的合法权益。政府信用监管机构还可通过行业自律组织对企业信用管理活动进行检查监督。行业自律组织可以配合政府信用监管机构对其企业会员进行法律、法规、政策宣传，使企业能够自觉地贯彻执行，同时对企业进行指导和管理。行业自律组织的设立需要政府信用监管机构的批准，其日常业务活动要接受政府信用监管机构的检查、监督和指导。政府信用监管属于宏观层面，其制定行业与企业信用管理活动的相关法律、法规、规章和政策，发挥指引与规范的作用，同时政府信用监管制定相关政策等受到行业、企业信用管理活动的影响。企业信用管理、行业自律管理、政府信用监管之间是相互依存、相互作用、相互制约的有机关系（见表3-1）。

表3-1 **企业信用管理与政府信用监管、行业自律管理比较表**

项目	政府信用监管	行业自律管理	企业信用管理
性质	政府行政管理	行业自律	企业管理
依据	国家的有关法律、法规、规章和政策	自律组织制定的章程、业务规则、细则	企业制定的信用管理制度
范围	全国范围	行业中的企业及业务活动	企业内部业务活动
手段	制定全国信用法规，拟定监管条例	对行业内重大违规案件进行查处	对企业内部失信行为进行查处
处罚	采取罚款、警告的处罚，情节严重的可取消其从事某项或所有信用业务的资格等	少量罚款、暂停企业会员资格、取消企业会员资格等	罚款、撤职、企业处分、降级、辞退或除名等
目的	确保国家有关信用市场的法律、法规、规章和政策得到贯彻执行，维护信用市场的“三公”原则，保护各方参与者的合法权益		

[本章小结]

本章从明确企业信用管理的目标及范围、拟订实施计划、做好信息收集整理并形成客户信用报告及建立客户信用档案四个方面介绍了企业信用管理流程。分析了客户信息收集的来源、内容及获取途径；介绍了客户信用档案的内容、管理对象、管理模式、管理原则、应用领域及更新要求；阐述了企业信用管理与政府信用监管及行业自律管理的关系。

[知识掌握]

1.名词解释

第一手资料；客户档案；外部信息；资产负债率；动态管理；政府信用监管

2.单项选择题

（1）一般来说，给客户的信用额度越大，企业面临的交易风险也（　　），但是交易所产生的收益也会（　　）。

A.越大、越大　　B.越小、越小　　C.越大、越小　　D.越小、越大

（2）下列不属于内部资料的是（　　）。

A.原始凭证　　B.会计凭证　　C.报表　　D.统计年鉴

（3）通常认为企业正常的流动比率为（　　）。

A.1　　B.2　　C.2.5　　D.3

（4）客户信用档案管理对象包括老客户、新客户和未来客户是按照（　　）划分的。

A.交易过程　　B.客户性质　　C.交易数量　　D.时间序列

（5）政府信用监管一般包括诚信度监管、合规监管和（　　）。

A.人员监管　　B.物资监管　　C.资金监管　　D.经济践约监管

3.多项选择题

（1）企业信用管理流程包括（　　）。

A.明确目标及范围　　B.拟订实施计划

C.做好信息收集，形成信用报告　　D.建立客户信用档案

（2）下列属于内部信息的有（　　）。

A.企业的计划　　B.企业的产品成本

C.企业的年度总结　　D.政府统计公报

（3）下列不属于企业偿债能力指标的有（　　）。

A.资产负债率　　B.流动比率

C.存货周转率　　D.销售毛利率

（4）客户信用档案管理原则包括（　　）。

A.集中管理　　B.动态管理

C.分类管理　　D.节约管理

（5）行业自律管理的主要内容包括（　　）。

A.对会员机构的管理　　B.合规监管

C.会员信用业务管理　　D.诚信度监管

4.判断题

（1）客户的规模越大，对其的信用管理越简单。（　　）

（2）会议纪要属于企业外部信息。（　　）

（3）销售净利率越高越好。（　　）

（4）建立客户信用档案后也需要更新。（　　）

（5）收取会费是自律组织成立的核心目的。（　　）

5.思考题

（1）客户的信用报告主要内容有哪些？

（2）客户信息收集的内容包括哪些？

（3）客户信用档案的应用领域包括哪些？

（4）政府信用监管与行业自律管理的不同点有哪些？

［知识应用］

□ 案例分析

对客户评级的信用分析是商业银行贷款管理的核心内容，是贷款决策的科学依据。贷款工作的成功与否，在很大程度上取决于信用分析是否真实可靠。根据某商业银行2016年对客户的信用评级测评表，发现该银行的评级是从8个大项来评价，前4个大项是从财务指标上来评分，分别是信用履约能力25分，偿债能力35分，盈利能力15分，经营及发展能力15分，总分为90分；第5个项目为综合评价10分，前5大项总分100分。第6项为特殊加分10分，第7项特殊扣分15分，第8项是限制性条款指标项，这3小项如客户有一项不满足，就会否决其信用评级资格。所以，该银行信用等级评定基本上是从财务指标上评分，客户财务报表的真实性、客观性就显得异常重要。

资料来源　张瑞梅.商业银行信用评级案例在企业信用管理中的教学分析［J］.现代商贸工业，2019，40（20）.

要求：根据案例内容，运用所学知识分析财务报表的真实性、客观性是否能真正反映企业的信用管理水平？

□ 实践训练

主题：查询企业信用报告

内容与要求：学生会利用企查查、天眼查、启信宝查询企业的信用情况。

成果检验：由学生提供企业的信用报告并简要分析。

第4章 信用风险分析

［**学习目标**］

通过本章学习，你应该达到以下目标：

知识目标：

1.熟悉信用风险概念、信用风险形成的原因、信用风险的分类、信用风险的主要特征、信用风险管理、信用风险测量和避险原则。

2.了解信用风险财务分析方法的概念、财务分析在企业信用评价中的运用和应注意的问题。

3.熟悉信用风险分析模型的种类和功能。

技能目标：

1.掌握信用风险概念，分析判断企业信用风险种类及特征。

2.学会运用信用风险评价方法，评价企业的资信情况。

［内容架构］

信用风险分析

- 信用风险概述
  - 信用风险的概念
  - 信用风险形成的原因
  - 信用风险的分类
  - 信用风险的特征
  - 信用风险管理
  - 信用风险测量
  - 信用风险避险原则
- 信用风险财务分析
  - 趋势分析法
  - 比率分析法
  - 财务分析法的应用
- 信用风险分析模型
  - 信用监测模型
  - 信贷组合模型

案例导入

NL公司的信用风险管理模式

NL公司基于系统的思想，从组织全局安排信用风险管理，从组织结构设计及控制链管理两个方面协调了部门之间的利益与分工，对信用风险的关键环节施加多重管理，增强了信用风险管理的效果。在组织设计上，NL公司区分营销系统内、外部两个层次，将信用风险管理部门和销售部门设在营销系统内部，接受统一领导，促进了部门间协作，削弱了部门之间的利益冲突；同时在营销系统外，通过与财务部门、法务稽核部门、储运部门和信息管理中心的协作，共同实现对信用风险的控制。在信用风险销售的各个控制环节，NL公司通过客户风险控制链和内部控制链“双链条”控制方式实施全程控制，便于从不同部门收集和汇总信用信息，通过各部门的协作对每个可能发生风险的环节进行控制，增强控制的有效性。更为重要的是，NL公司对客户风险管理这一重要的控制环节引入了公司治理因素，把客户公司的治理情况作为衡量信用风险的关键指标，体现了对客户公司潜在收益能力及还款能力的前瞻性，能够更好地对未来的风险进行控制。

资料来源 程新生，罗艳梅，刘建梅，等.企业信用风险管理：从部门协作到公司治理风险评价——基于NL公司信用风险管理系统的案例分析［C］//中国管理现代化研究会.第四届（2009）中国管理学年会——会计与财务分会场论文集，2009：157-168.有删减。

启示：NL公司的信用风险管理模式基于系统的思想，从组织全局安排信用风险的管理，从组织结构设计及控制链管理两个方面增强了信用风险的控制效果，给企业的信用风险管理提供了有益的启示，为企业有效控制信用风险提供了模板，值得借鉴和推广。

4.1 信用风险概述

一、信用风险的概念

信用风险又称违约风险，由信用交易过程的不确定性导致，是指借款人、证券发行人或交易对方因种种原因，不愿或无力履行合同条件而构成违约，致使银行、投资者或交易对方遭受损失的可能性。银行存在的主要风险是信用风险，即交易对手不能完全履行合同的风险。这种风险不只出现在贷款中，也发生在担保、承兑和证券投资中。分析信用风险是对客户的道德品质（Character）、还款能力（Capacity）、资本实力（Capital）、担保（Collateral）和经营环境（Condition）五个方面进行全面分析，以正确判断客户的还款意愿和还款能力。

二、信用风险形成的原因

形成信用风险的原因可以划分为主观原因和客观原因。主观原因一般是指债务企业出于道德风险等原因主观上不偿还债务。客观原因一般有两方面：

一是经济周期的波动性。若企业处于繁荣时期，其信用风险较低，因为其有较好的盈利能力，所以违约率也会较低。倘若处在经济萧条时期，其信用风险增加，经营能力和获利能力下降，债务人不能及时偿还债务的可能性加大。

二是影响公司经营的特殊外部事件。特殊外部事件一般可以划分为系统性特殊外部事件和单个突发事件。系统性特殊外部事件是指市场总体受到特殊事件影响；单个突发事件是指市场中单个企业受到影响，如集体投诉等。

三、信用风险的分类

（一）违约风险

违约风险是指债务人由于种种原因不能按期还本付息，不履行债务契约的风险。如授信企业，可能因经营管理不善而亏损，也可能因市场变化出现产品滞销、资金周转不灵导致到期不能偿还债务。一般说来，债务人经营风险越大，信用风险就越大，风险的高低与收益或损失的高低呈正相关关系。

（二）市场风险

市场风险是指资金价格的市场波动造成证券价格下跌的风险。如市场利率上涨导致债券价格下跌，债券投资者就会有损失；期限越长的证券，对利率波动越敏感，市场风险也就越大。

（三）收入风险

收入风险是指人们运用长期资金进行多次短期投资时实际收入低于预期收入的风险。

（四）购买力风险

购买力风险指未预期的高通货膨胀率所带来的风险。当实际通货膨胀率高于人们预期水平时，无论是获得利息还是收回本金时所具有的购买力都会低于最初投资时预期的购买力。

四、信用风险的特征

（一）不对称性

不对称性是指预期收益和预期损失不对称，当某一主体承受一定的信用风险时，该主体的预期收益和预期损失是不对称的。信用风险与收益的不对称，主要是由于债权人从本次债务中获得的收益和可能承担的损失之间的不对称风险特征造成的。具体来看，对于无抵押贷款来说，债权人在贷款合约期限内有较大的可能性收回贷款并获得事先约定的利润，但贷款一旦违约，风险转化为实际损失（通常可能性较小），则会使债权人面临相对更多的损失，这种损失和利息收益相比要大得多。另一方面，债权人不能从债务企业的经营业绩分配中获得对等的收益，贷款的预期收益与企业盈利不是正相关的，却和企业经营业绩的恶化是一致的，随着债务企业的经营恶化债权人预期损失会增加。

（二）非系统性

非系统性是指与市场风险相比，信用风险观察数据少且不易获取，因此具有明显的非系统性风险特征。非系统性因素是主要因素。尽管借款人的还款能力也会受到诸如经济周期、行业生命周期等系统性因素的影响，但多数情况下影响最大的因素仍然是债务人自身的非系统性因素，如债务人贷款投资方向和决策，债务人财务状况以及债务人的经营管理能力，甚至债务人的还款意愿等。

（三）内源性

内源性是指信用风险不是完全由客观因素驱动的，而是带有主观性的特点，并且无法用客观数据和事实证实。对信用风险进行直接观察和度量也是较为困难的。一般而言，持有期限较长的债务，在持续期内其信用风险数据的获取相比市场风险要困难得多，数据也相对较少，除非到期出现违约才会显现。信用风险数据难以收集且数据缺乏是造成衡量信用风险比衡量市场风险困难的主要原因。

（四）累积性

信用风险的累积性是指信用风险具有不断累积、恶性循环、连锁反应、超过一定的临界点会突然爆发而引起金融危机的特点。

信用风险的特征如图4-1所示。

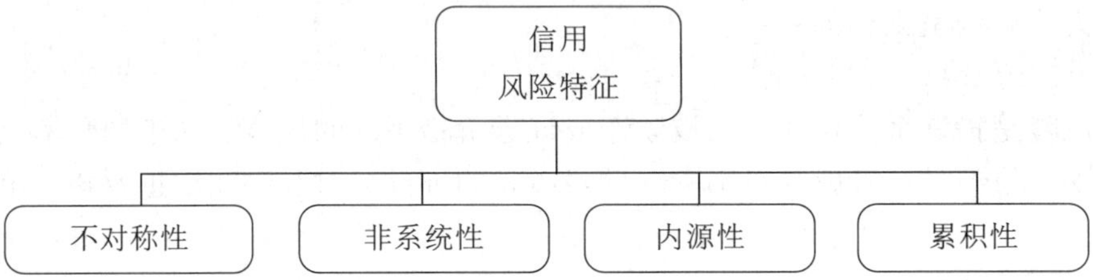

图4-1　信用风险特征

五、信用风险管理

信用风险管理是指针对交易对手、借款人或债券发行人具有违约“可能性”所产生的风险进行管理，可以区分为违约概率（Default Probability）、违约后可回收比率（Recovery Rate）、本金（Principal）。

信用风险管理的分类：按授信方的不同，信用风险可被分为国家风险、行业风险、个体风险；按信用风险产生的原因，信用风险可被分为道德性信用风险和非道德性信用风险；按信用风险可控程度，信用风险可被分为可控信用风险和非可控信用风险。

六、信用风险测量

信用风险对于银行、债券发行者和投资者来说都是一种非常重要的影响决策的因素。若某公司违约，则银行和投资者都得不到预期的收益。现有多种方法可以对信用风险进行管理。但是，现有的这些方法并不能满足对信用风险管理的更高要求。国内较著名的信用风险评估机构有大公国际、国衡信、上海远东等公司。国外较著名的信用风险评估机构有惠誉、穆迪、标准普尔等公司。

国际上，测量公司信用风险的指标中最为常用的是该公司的信用评级。这个指标简单并易于理解。例如，穆迪公司对企业的信用评级被广泛认可。该公司通过分析被评级公司的财务和历史情况，对公司信用进行从AAA到CCC信用等级的划分，AAA为信用等级最高，最不可能违约，CCC为信用等级最低，很可能违约。另外一个更为定量的信用风险测量指标是信用风险的贴水。信用风险的贴水不同于公司偿债的利率和无违约风险的债券利率（如美国长期国债）。信用风险的贴水为债权人（或投资的金融机构）因为违约发生的可能性对放出的贷款（或对投资的债券）要求的额外补偿。

对于一个需要利用发行债券筹资的公司来说，随着该公司信用风险的增加，投资者或投资的金融机构所要求的信用风险贴水也更高。某种级别债券的风险贴水是该类债券的平均利率减去十年期长期国债利率（无风险利率）。信用评级与信用风险贴水有很强的关联。

公司的信用评级越高，则投资者或金融机构承担的信用风险越低，要求公司付出的信用风险贴水越低；公司信用评级越低，则投资者或金融机构所承担的信用风险越高，在高风险的情况下，投资者或金融机构要求公司付出信用风险贴水越高，则公司会在很大程度上增加融资成本。

从以上分析可以看出，同一信用级别的债券，在不同的时间段里筹资所要求的风险贴水也不同，这是依据无风险利率和该类债券平均利率的变化而确定的。

七、信用风险避险原则

在信用风险管理中，为避免信用风险应遵循以下原则：

（一）对称原则

金融机构的资产与负债的偿还期应保持高度的对称关系，无论资产还是负债都要有适当的期限构成。资产的分配和期限的长短要根据资金来源的期限或流转速度确定。

（二）资产分散原则

金融机构将资金投资于证券或放款时，应注意选择多种类型的证券和放款，尽量避免将资金集中于某种证券或某种放款。如在证券市场购买不同产业、不同期限的证券，对大型项目组织银团贷款等。

（三）信用保证原则

在授信时，要求债务人以相应的有价证券或实物资产作为抵押或者由第三者承诺在债务人不能清偿债务时承担履约的责任。

4.2 信用风险财务分析

财务分析的目的是将财务资料上的数据转化为对使用者有用的信息。通过对目标企业财务指标的计算和比较，可以客观评价目标企业信用能力，但由于存在诸多不确定因素，如财务数据失真、内外部环境发生变故等。对目标企业的评定要在结合其他调查结果的基础上，综合考虑各种影响因素，才能得出正确的结论。

财务分析方法，主要包括趋势分析法、比率分析法等。趋势分析法又称水平分析法，通过比较过去连续几期的财务数据，可以显示企业财务状况变动情况。与趋势分析法类似，比率分析法可以通过计算各项财务比率来确定企业财务状况。

一、趋势分析法

（一）趋势分析法的概念

趋势分析法是通过对有关指标的各期对基期的变化趋势的分析，从中发现问题，为检查账目提供线索的一种分析方法。趋势分析法分为绝对数比较与相对数比较两种。

（二）趋势分析法的应用

趋势分析根据比较分析信用风险趋势。例如通过对应收账款的趋势分析，就可对坏账的可能与应催收的货款作出一般评价。通过趋势分析可以知道企业财务经营的变化情况，为预测未来发展方向提供帮助，如确定公司财务状况和经营成果的发展趋势对投资者是否有利，预测公司未来发展的趋势。这种分析方法属于一种动态分析，它是以差额分析法和比率分析法为基础，同时又能有效地弥补其不足。

（三）应用趋势分析法时的注意事项

在采用趋势分析法时，必须注意以下问题：

（1）用于进行对比的各个时期的指标，在计算口径上必须一致。

（2）必须剔除偶发性项目的影响，使作为分析的数据能反映正常的经营状况。

（3）应用例外原则，对某项有显著变动的指标作重点分析，研究其产生的原因，以便采取对策，趋利避害。

［例 4-1］甲企业利润表中反映2017年的净利润为50万元，2018年的净利润为100万元，2019年的净利润为160万元。请用趋势分析法分析甲企业净利润的变动趋势。

解：

绝对值分析：

2018年与2017年相比，净利润增长了50万元（100-50）；

2019年与2018年相比，净利润增长了60万元（160-100）；

从绝对值分析看，说明2019年的净利润增长高于2018年的净利润增长。

相对值分析：

2018年与2017年相比，净利润增长率为：（100-50）÷50×100%=100%；

2019年与2018年相比，净利润增长率为：（160-100）÷100×100%=60%。

从相对值分析看，说明2019年的净利润增长率低于2018年的净利润增长率。

综上，不仅要分析绝对值，也要分析相对值，然后对比分析趋势。

二、比率分析法

（一）比率分析法的概念

比率分析法（Ratio Analysis Method）是指通过计算财务报表的有关指标的比率，分析企业财务状况和经营成果，了解企业发展前景的分析方法。比率分析法是将同一期财务报表上若干重要项目的相关数据相互比较，求出比率，用以分析和评价公司的经营活动以及公司历史状况的一种方法，是财务分析最基本的工具。

（二）比率分析法的应用

由于进行财务分析的目的不同，因而各种分析者包括债权人、管理当局、政府机构等所采取的侧重点也不同。作为股票投资者，主要是掌握和运用财务比率，即反映公司的盈利能力、偿债能力、营运能力等的财务比率。此部分内容在企业信用管理流程中已阐述，不再重复。

在财务分析中，比率分析用途最广，但也有局限性，突出表现在：比率分析属于静态分析，对于预测未来并非绝对合理可靠。比率分析所使用的数据为账面价值，难以反映物价水平的影响。

（三）应用比率分析法时的注意事项

（1）所分析的项目要具有可比性、相关性，将不相关的项目进行对比是没有意义的。要注意结合差额分析，这样才能对公司的历史、现状和将来有一个详尽的了解，达到财务分析的目的。

（2）对比口径的一致性，即比率的分子项与分母项必须在时间、范围等方面保持口径一致。

（3）选择比较的标准要具有科学性，要注意行业因素、生产经营情况差异性等。要注意审查公司的性质和实际情况，而不仅是着眼于财务报表。

（4）要注意将各种比率有机联系起来进行全面分析，不可孤立地看某种或某类比率，同时要结合其他分析方法，这样才能对企业的历史、现状和将来有一个详尽的分析和了解，达到财务分析的目的。

三、财务分析法的应用

财务报表分析并不能提供完全合理的客观依据。除本身误差，还有许多报表未反映的情况对企业的综合评估至关重要，如企业的管理能力、顾客群稳定状况、技术水平等。财务报表分析存在一些局限性，如财务报表没有披露全部信息；财务报表存在非故意差错；财务报表被公司管理层故意扭曲等。可通过一些危险信号确定财务报表可信度，如过于简化或报表减少数据披露；数据反常，与以往和行业数据不符；异常关联交易；审计报告异常等。在对财务分析结果进行分析的过程中，并不存在统一的财务数据标准。以中国行业公司公布数据为例，各行业有自己的特点，财务数据间差异很大。同一行业内的企业由于经营情况和企业背景不同财务数据也存在差异。

（一）财务报表分析在企业信用评价中的应用

由于比率分析法具有计算简单、可比性强的优点，因此在信用风险评价中，该方法使用较多，即用企业财务比率从不同侧面定量反映该企业的财务状况。具体来说，运用财务报表分析企业信用，具体应包括以下五个步骤。

第一，确定企业所处行业的经济特征。确定企业所处行业的经济特征是有效财务分析的基础，同样的财务报表放在不同行业的企业中，它所体现的经济意义和财务特性很可能完全不同。只有了解和确定一个企业所处特定产业的经济特征，才有可能真正理解财务报表的经济意义，并发挥财务分析在管理决策中的作用。确定行业经济特征，一方面为理解财务报表数据的经济意义提供了一个“航标”；另一方面又缩短了财务比率和相关指标与企业信用测评体系之间的距离，从而使财务分析的信息对企业信用测评变得更加有意义。

第二，对企业财务报表进行必要的净化。财务报表净化是指财务分析人员对财务报表中的关键项目所做的调整，以增强其可靠性和公允性。

在净化财务报表的过程中，应当注意以下主要方面：

（1）不重复发生项目或非常项目。这些项目对盈利的影响是暂时性的，在评估企业真正的经营业绩之前应重点考虑剔除。

（2）研究与开发等支出。研究与开发、广告、人力资源培训等支出直接影响企业在不同会计期间的盈利，在财务分析时，对这些支出的人为安排保持一定的警惕是十分必要的。同样，在评估一个企业的持续经营业绩时，对这些人为安排进行调整或许是必要的。

（3）盈利管理。实证研究表明，在企业中存在大量的盈利管理行为。例如，在会计方法的选择上提前确认收入和延迟确认费用；对固定资产折旧和工程完工进度等会计确认方法的应用；在会计估计的变动、会计方法运用时点的选择和交易事项发生时点的控制过程中刻意迎合管理当局的要求等，这些盈利管理行为都可能导致企业财务报表的偏差和不准确。

第三，选用科学的财务分析指标。财务指标有很多，一般根据流动比率和资产负债率评估企业的偿债能力。美国学者的实证研究表明，在评估企业的偿债能力和破产风险中，资产收益率最有用，其次是现金流量与总负债的比率，最后才是营运资本与总负债的比率、资产负债率和流动比率。因此，必须以实际的资料为依据，进一步研究财务比率和相关指标与企业信用测评的相关性问题，正确选用财务分析指标。如在分析企业盈利能力时，一般采用销售利润率、成本费用利润率、净资产收益率、总资产收益率等指标衡量，且一般拿本期指标值同上期或计划指标进行对比，来评价企业经营状况的好坏。这有利于从某一方面反映企业的经营情况，但为全面了解企业的经营发展，还需要分析本企业在市场竞争中所处的地位，因而还需要将该企业的指标与同行业其他企业进行比较，从而得出更全面的分析结论。

第四，采用合理的财务比率和财务比对方法。其核心问题是“比对”，也就是比较标准的问题。企业所处行业不同，同行业企业的不同规模及企业在不同的经营时期，资产的情况都会发生变化，所以，应合理运用财务比率和相关比对方法。如在分析企业偿债能力时，运用最多的指标是流动比率和速动比率，分别是流动资产和速动资产与流动负债的比率，反映企业资产的变现能力。一般认为这两项比率的比值越高越好，表明企业的短期偿债能力强。不过，当企业资产不变时，流动负债很少或者没有流动负债时，这项比率会很高，但实际上这样的企业经营状况一般不是太好。因而合理运用财务比对方法是得出企业信用等级的关键环节。

第五，对企业信用作出客观评价。为发挥财务分析在企业信用测评中的作用，必须运用以上四个相互关联的步骤，构建有效的财务分析模型，进而为分析人员的科学评价提供从产业经济特征、企业战略到净化的财务报表等方面的合理假设，并从财务分析本身为管理决策提供一个合乎逻辑的理性指南，确保对企业信用作出客观准确的评价。

（二）运用财务报表分析信用风险时应注意的问题

第一，正确认识财务报表分析和企业信用评价的关系。贷款企业信用测评体系的建立及其具体内容，决定了财务报表分析在企业信用测评中的具体运用。财务报表分析，在贷款企业信用测评中处于从属地位。有效的财务报表分析建立在企业信用测评体系与具体财务分析相融合的基础上。虽然企业信用测评体系的建立是有效财务报表分析的前提，但具体财务分析方法是企业信用测评中的主要表现形式，两者是互相联系，缺一不可的。

第二，客观理解财务报表对企业经营情况的反映。财务分析主要是基于财务报表的数据，财务报表编制的目的与有效财务分析的目的毕竟有很大的差别。在财务分析过程中，应对财务报表的数据持科学的态度。一是财务报表数据是否真实、公允地反映了企业的财务状况、经营成果和资金变动情况；二是财务报表的数据是否可直接用于财务分析。即使企业没有故意作假，由于权责发生制的运用，应计的收入、费用、摊销等都将受到主观因素的影响，财务分析人员应对财务报表的数据选择性使用。另外，财务分析的目的与财务报表编报的目的是不完全相同的，财务分析不应当也不可能全部直接地使用财务报表的数据。

第三，审慎对待财务比率对企业信用评价的作用。在企业信用评价中，财务分析工作往往只注重计算一系列的财务比率和相关的变动指标，迷信这些比率和指标对企业信用评价的直接作用。实际上，这些比率和指标并不能直接准确地代表企业有多强的盈利能力和多大的风险性，与最终确定企业的信用等级可能有较大的差距。财务比率和相关指标的计算仅仅是财务分析在企业信用评价中的一个环节和一种手段，在其之后还需要做大量深入细致的分析和研究工作。

4.3　信用风险分析模型

20世纪60年代后，信用评级的技术不断发展，大量应用数学模型方法进行评估，特别是统计方法。当然，统计方法的使用也引起了人们的疑虑。尽管信用评分模型并非唯一可以处理大量交易的方法，但和专家主观判断相比，其准确性和量化的结果都要令人信服得多。从20世纪60年代开始，从事信用评级的工作者通过研究信用评分技术得到结论：在公司需要决策时，其财务信息至关重要，因为一个公司过往的财务信息往往可以大致推断未来的成败或信用状况的变化。于是，诞生了由沃尔首创的财务比率分析法，此法在信用评估领域逐渐受到关注，1960年以后数十年中逐渐成为信用评估领域简单实用的工具。

但是随着在信用评估实践中的应用，财务分析法的缺点也开始显露出来：首先，如果遇到严重的通货膨胀，公司的资产负债表将会扭曲，使公司的账面价值与其实际价值严重不符。其次，许多大型公司的经营范围广阔，涉及多个产业领域，建立能适合总体的可用于比较的财务数据模型相当困难。最后，经济波动往往导致公司财务数据的分析发生偏误，要一般性地确定某一阈值来预测信用的好与差极具挑战性；对大量公司而言，往往存在某些财务数据较理想，而其余财务数据较差的情况，要概括性地判断该公司的信用也是十分困难的。

随着统计方法的大量引入，信用评估技术进入了统计模型期，这些模型主要分为参数法和非参数法。

目前世界上比较知名和流行的模型主要有：KMV公司在1993年推出的Credit Monitor模型，即信用监测模型；J.P.摩根于1997年提出的Credit Metrics模型；瑞士银行金融产品部于1997年推出的Credit Risk+模型；麦肯锡公司于1998年推出的Credit Portfolio View模型，即信贷组合模型；毕马威公司于1998年推出的Loan Analysis System（LAS）模型。

一、信用监测模型

1993年，KMV公司利用布莱克-斯科尔斯-莫顿模型提出了著名的信用监测模型，并经Longstaff和Schwarz（1995）、Dsa（1995）和Zhou（1997）完善，现已基本成熟并成为最著名的信用风险度量模型之一。

该模型假设：①公司股票价值是一个随机过程、允许卖空、没有交易费用和税费、证券可分、无套利机会、证券交易连续、无风险利率在借款人还清债务前保持不变；②借款人资产价值大于其债务价值时，不会违约，反之，出现违约；③企业市场价值服从布朗运动，借款人资产收益服从正态分布；④借款人资本结构包括所有者权益、短期债务、长期债务和可转化优先股。

该模型的优点是：KMV模型是一个动态模型，将借款公司的股价信息转换成信用信息，对借款公司质量的变化比较敏感，同时市场信息也被反映在模型中，具有一定的前瞻性，模型的预测能力较强。

KMV模型在实际运用中存在的不足主要体现在：一是着重违约预测，忽视了企业信用等级的变化，只适于评估与企业资产价值直接联系的信贷资产（基本上只是贷款）的风险。二是该模型适用于上市公司的信用风险评估，由于我国的股市并不是一个有效的市场，上市公司的股票价格常常背离公司的实际价值，企业资产价值特别是国有企业的资产价值并不能够完全反映到股票市值中，从而影响了模型预测的精确性。但是，该模型可以运用到对跨国集团信贷资产的风险管理上，跨国企业的信贷资产很大部分以其母公司为担保人，而其母公司所在国家的股票市场可能是比较成熟有效的。三是模型基于资产价值服从正态分布的假设和实际不相符，模型不能够对长期债务的不同类型进行分辨。

二、信贷组合模型

1998年，麦肯锡公司Sauders和Wilson等人利用基本动力学的原理，从宏观经济环境的角度来分析借款人的信用等级迁移，建立了信贷组合模型。

该模型假设：①信用等级在不同时期的迁移概率不是固定的，受到诸如国别、经济周期、失业率、GDP增长速度、长期利率水平、外汇汇率、政府支出、总储蓄率、产业等因素的影响；②宏观经济变量服从二阶平稳随机移动，解决了信用度量过程当中利用历史数据带来的时滞。

该模型的主要优势体现在：易于求出债券及其组合的损失概率和边际风险分布；模型集中于违约分析，所需估计变量很少，只需要违约和风险暴露的分布即可；该模型处理能力很强，可以处理数万个不同地区、不同部门、不同时限等不同类型的风险暴露；根据组合价值的损失分布函数可以直接计算组合的预期损失和非预期损失的值，比较简便。

该模型的劣势在于：与KMV模型一样，只将违约风险纳入模型，没有考虑市场风险，而且认为违约风险与资本结构无关；没有考虑信用等级迁移，因而任意债权人的债务价值是固定不变的，它不依赖于债务发行人信用品质和远期利率的变化与波动。尽管违约概率受到一些随机因素的影响，但风险暴露并不受这些因素的影响；每一频段违约率均值的方差并不完全相同，否则会低估违约率；不能处理非线性金融产品，如期权、外币掉期。

[本章小结]

本章主要从信用风险概述、信用风险财务分析和信用风险分析模型三个方面分析了企业信用风险的内容。阐述了企业信用风险的概念、形成的原因、主要特征、风险测量等内容。讲解了财务分析在企业信用风险评价中的应用，简要介绍了信用风险分析模型，增强了对信用风险分析模型的认识。

[知识掌握]

1.名词解释

信用风险；信用风险管理；信用风险的贴水

2.单项选择题

（1）信用评级与信用风险的关系是（　　）。

A.正向关系　B.反向关系　C.毫无无关　D.固定

（2）十年期国债利率通常被当作（　　）。

A.无风险利率　B.有风险利率　C.银行贷款利率　D.银行存款利率

（3）（　　）公司是中国的信用评级公司。

A.惠誉　B.穆迪　C.大公　D.标准普尔

3.多项选择题

（1）引起企业信用风险的客观原因有（　　）。

A.经济周期的波动　B.道德风险

C.影响公司的特殊外部事件　D.逆向选择

（2）信用风险按照出现风险的原因可以划分为（　　）。

A.违约风险　B.市场风险　C.购买力风险　D.经济波动风险

（3）信用风险的主要特征有（　　）。

A.不对称性　B.累积性　C.非系统性　D.内源性

（4）常用的信用风险财务分析方法有（　　）。

A.趋势分析法　B.比率分析法　C.比较分析法　D.因素分析法

（5）企业信用风险分析模型主要有（　　）。

A.信用监测模型　B.信用组合模型　C.信贷组合模型　D.投资组合分析模型

4.判断题

（1）企业信用风险主要是由非系统性因素造成的，即债务人自身的系统性因素，如债务人贷款投资方向和决策等。（　　）

（2）第三方信用评级是对各类企业债务能否如约还本付息的能力和可信任程度的综合评估，是对债务风险的综合评价。（　　）

（3）公司的信用评级越高，则投资者或金融机构所承担的信用风险越低，所要求公司付出的信用风险贴水越高。（　　）

（4）财务报表分析的目的是将财务报表上的数据转化为对使用者有用的信息。（　　）

（5）比率分析法（Ratio Analysis Method）是通过计算财务报表的有关指标的比率，分析企业财务状况和经营成果，了解企业发展前景的分析方法。（　　）

5.思考题

如果你是一名企业的市场部负责人，对拟投资入股的新项目公司，请运用比率分析法评价项目公司的资信情况，向企业负责人汇报。

6.计算题

2019年年底A公司拥有B公司20%有表决权资本的控制权，2020年A公司有意对B公司继续投资。A公司认为B公司的盈利能力比财务状况、营运能力更重要，希望通过投资获得更多的利润。因此，A公司收集了B公司的有关资料。

资料1：

利润相关项目表

单位：千元

项目	2018年度	2019年度
主营业务收入	1 200 000	1 500 000
减：主营业务成本	1 050 000	1 100 000
税金及附加	8 000	15 000
主营业务利润	142 000	385 000
加：其他业务利润	2 000	5 000
减：资产减值损失	1 000	2 000
销售费用	2 000	3 000
管理费用	12 000	15 000
财务费用	4 000	1 000
加：投资收益		
其他收益	8 000	30 000
营业外收入	200	100
减：营业外支出	18 000	6 000
利润总额	115 200	393 100
减：所得税费用	28 800	98 275
净利润	86 400	294 825

资料2：

财务费用表

单位：千元

项目	2018年	2019年
利息支出	5 000	8 000
减：利息收入	2 893	10 039
汇兑损失	3 108	3 809
减：汇兑收益	1 320	956
其他	105	186
财务费用	4 000	1 000

资料3：

相关资产、负债及所有者权益资料表

单位：千元

项目	2018年	2019年
平均总资产	2 815 000	3 205 000
平均净资产	1 063 000	1 885 000

请你根据案例中所给的资料，帮助A公司做好以下几方面工作，从而便于2020年度的投资决策。

（1）计算反映资产经营盈利能力和资本经营盈利能力的指标（总资产收益率和净资产收益率，保留两位小数）。

注：总资产收益率=（利润总额+利息支出）/平均总资产

净资产收益率=净利润/平均净资产

（2）评价企业盈利能力状况。

[知识应用]

□ 案例分析

凯迪生态环境科技股份有限公司债务危机

一、债务逾期情况

凯迪生态环境科技股份有限公司（以下简称“凯迪生态”或“公司”）是一家民营股

份公司，因资金周转困难，致使部分到期债务未能清偿。公司在指定信息披露媒体上分别发布了《关于公司债务到期未能清偿的公告》，目前逾期债务共计1 793 186.51万元，最近一期经审计的公司净资产为1 914 207 379.29元，逾期债务占最近一期经审计净资产的比例为936.78%。

二、对公司的影响

（1）目前部分债权人根据债务违约情况已经采取提起诉讼、仲裁、冻结银行账户、冻结资产等措施，未来公司也可能面临需支付相关违约金、滞纳金和罚息的情况，公司财务费用增加，加剧公司面临的资金紧张状况。

（2）相关逾期引发的债权人措施，对公司的生产经营和业务开展造成了一定影响，对公司的资产出售形成障碍。部分诉讼已经判决，存在被强制执行的可能。

三、公司拟采取的措施

（1）在政府及各方支持下，积极推进司法重整工作，解决债务危机问题，控制风险，促进公司重回健康和可持续发展轨道。

（2）公司将继续推进非主营业务低效资产的剥离，降低成本及费用。

（3）在推进司法重整工作的同时，公司正积极开展生产自救。一是积极建立与金融机构、燃料客户的对话协商机制。二是签订账户资金监管协议，释放资金。三是落实经营目标责任制，强化经营层在资金封闭使用期间的自我“造血”功能，驱动管理提质增效。

（4）将持续完善公司治理，改善公司内部控制环境，加强内部控制各项管控工作，促进公司规范运作。

资料来源　凯迪生态环境科技股份有限公司董事会.凯迪生态环境科技股份有限公司关于新增债务到期未能清偿的公告［EB/OL］.［2019-12-03］. http：//www.shclearing.com/xxpl/zdsxjqt/201912/t20191203_611409.html.有删减。

要求：

1.分析债务逾期对公司的影响。

2.挖掘公司债务逾期的原因。

3.对民营企业信用风险管理的启示。

☐ 实践训练

主题：企业信用风险大讲堂

内容与提要：

（1）学生以5人为一个小组；

（2）事先选择一家企业进行调研；

（3）通过本课程所学的内容，分别对该企业信用风险进行分析。

成果检验：

（1）召开企业信用风险专题研讨会；

（2）各组分别将企业信用风险调研报告进行分享与展示；

（3）指出不同行业的企业在信用风险处理上的异同，并进行对比研讨。

第5章 企业信用政策

[**学习目标**]

通过本章学习，你应该达到以下目标：

知识目标：

1.要求了解企业信用政策概念、企业信用政策内容及评价方法。

2.熟悉企业信用销售的概念、关键环节、形式。

3.掌握企业信用政策的类型、信用政策评价原则。

技能目标：

1.学会制定企业信用政策。

2.掌握企业信用政策的评价方法。

[内容架构]

企业信用政策

- 企业信用政策的内涵
  - 企业信用销售的概念
  - 企业信用销售的关键环节
  - 企业信用销售管理
  - 企业信用销售形式
- 企业信用政策内容及评价
  - 企业信用政策内容及类型
  - 企业信用政策评价原则与方法

案例导入

中科建设频现债务违约 旗下诸多项目亮“红灯”

中科建设是一家集投融资、综合建设、开发、国内外贸易、新材料研发生产、文化旅游、矿业、能源、汽车配件、生物医学、农业养殖业等多板块经营的大型国有投资建设集团。其为中国科学院行政管理局100%持股单位。根据公开资料显示，截至2017年年底，中科建设总资产521.49亿元，资产负债率68%，营业收入367.39亿元人民币，利润总额59.13亿元人民币。

2019年1月，一只由中科建设开发总公司于2016年发行的“16中科建设PPN002”债券未按期支付利息，已经构成违约。本次利息支付日为2018年11月19日，应付利息金额为9 300万元，主承销商和簿记管理人为恒丰银行。主承销商恒丰银行方面对外公告表示，鉴于“16中科建设PPN002”债券未按期支付利息已构成违约。天眼查平台显示，中科建设开发总公司为一家国企，主要从事房屋建设工程施工总承包等项目。评级机构中诚信国际将中科建设信用级别由AA上调至AA+。然而，评级升高了，违约却出现了。梳理中科建设的金融产品可以看出，今年诸多项目频亮“红灯”。5月，中科建设作为担保方的“华创中科金一号集合资产管理计划”违约，总规模为1.5亿元。7月，中科建设6月29日到期的10.5亿元银团贷款违约，中科建设相关负责人当时在接受媒体记者采访时表示该笔债务早已经展期。9月，吉林信托汇融38号逾期，涉资4.5亿元，违约方正是中科建设，随后中债登下调了中科建设的评级，将相关债券的中债市场隐含评级——债券债项评级由A+调整至A。

那么，为何会接连出现违约的情况？从事企业及地方债业务的杨关善律师表示，评级连续下调，公司业绩亏损，公司治理问题及延迟披露财报等情况成为项目违约的潜在因素。

资料来源 石健，何莎莎.中科建设频现债务违约 旗下诸多项目亮“红灯”[EB/OL].[2018-12-29]. https://finance.sina.com.cn/roll/2018-12-29/doc-ihqfskcn2500415.shtml.有删减。

启示：企业多元化布局意味着前期的高投入。大型投资集团往往需要提前垫资，资金需求大幅增加、资本支出水平较高，资金压力较大，影响到该类企业的资金回笼。企业信用管理是公司治理的关键内容之一，应未雨绸缪，防患于未然。

5.1 企业信用政策的内涵

一、企业信用销售的概念

信用销售是指客户先不付货款提取一定量的商品货物，而在未来根据所签订的合同要求付货款，或者按照卖方接受的信用工具，使用相关付款规则付款。在社会生活中，我们通常将信用销售称为赊销。

对信用销售的理解，可以从广义和狭义两个方面来理解。广义的信用销售是指除了一手交钱一手交货的现金买卖外的一切销售。1988年8月，国务院发布《现金管理暂行条例》，要求各级人民银行应当严格履行金融主管机关的职责，负责对开户银行的现金管理进行监督和稽核。国家鼓励开户单位和个人在经济活动中，采取转账方式进行结算，减少使用现金。随着支付宝、微信、银联、互联网等电子支付手段的普及，信用销售形式越来越广，现金使用越来越少，市场经济正在快速向信用经济与信任经济转变。狭义上的信用销售，主要是针对企业而言的，是指企业根据经营管理需要，在信用风险可控的前提下，以扩大企业销售、增加企业利润为目标，将一定时期内具有支付能力的单位或个人纳入企业信用销售对象，开展赊销业务，并针对不同对象制定相应的信用销售目标战略、政策和程序的销售管理方式。

二、企业信用销售的关键环节

信用销售是在传统销售关系的基础上建立的一种新型经济关系，它有别于传统意义上的销售。在业务处理上，也不同于一般的销售业务。由于存在信用风险，因此在普通销售业务环节中增加了一些信用风险防范的措施和方法，具体业务可分信用销售前、中、后三个方面，包括：

（一）信用销售前

在谈判之前，应加强对客户的信用风险的预测，通过对客户的信用动因和信用能力进行调研，准确地预测客户的信用状况，提高赊销谈判地位和增强授信时讨价还价的能力。在签约前，除了商品的数量、质量、价款等谈判要求外，还应关注信用额度、期限、现金折扣及履约保障等条款。

（二）信用销售中

重视签署信用销售合同等文件，它是保证收回货款、控制信用风险的基础。

（三）信用销售后

售出货物之后，要跟踪应收账款。对逾期账款进行适度催收，同时维护良好的客户关系。如果客户在一定的拖欠时间范围内没有付款，或者有逃避付款的企图，此时应视为收款失败，直接发生呆账或者坏账，企业必须选择诉诸法律等追讨方式追款。

三、企业信用销售管理

（一）信用销售规划

企业应制定应收账款持有目标，以保证企业现金流，在不利的市场环境中，保证企业现金流对企业生存有重要意义。通常，客户分为两种类型：一种是现付款；一种是后付款。后付款客户中有购买能力的客户是信用销售的目标客户，企业在制定信用销售战略时，应把这类客户纳入企业信用销售总体规划，同时要考虑相关的信用风险，做好信用销售目标、政策、程序的总体规划。

（二）客户资信管理

客户资信管理是指对客户资信信息进行管理，包括广泛收集客户的资料，对客户的信用动因和信用能力进行深入调查，以及对已收集的资料进行信用分析，为授信决策提供依据。它是企业信用销售的前提和保证，贯穿于授信决策的全方位、全过程。

（三）客户授信管理

客户授信管理是指由专门的客户信用审核部门对信用额度进行审查和控制，制定合理的信用政策，确定科学的信用额度。

（四）应收账款管理

应收账款管理是指设立专门机构对应收账款实行严格的监控。它应根据会计原则建立坏账准备金制度，针对货款的各种风险，对每笔应收账款进行账龄分析，权衡利弊，制定适当的收账政策。

四、企业信用销售形式

企业信用销售包括应收账款、预付货款、补偿贸易、商业票据等几种形式。应收账款是指商品赊销形成的一种先交货后收款的销售形式。预付货款是一种先付款后交货的形式，适用于部分生产期限长的产品。补偿贸易是指货物购买方不以现汇支付，而是以产品或加工劳务分期偿付的一种信用销售方式。商业票据是指通过票据来实现信用销售的一种形式。通过对信用销售形式的研究，企业可以发现新的市场机会，也会增加其产品的销售。

5.2 企业信用政策内容与评价

一、企业信用政策内容及类型

信用政策是企业的信用销售政策。它分为广义和狭义两类，广义的信用政策是指企业信用管理工作和有关活动的根本依据。狭义的信用政策是应收账款管理政策，包括信用标准、信用期限、收账政策、现金折扣、信用额度等内容。

（一）信用标准

信用标准是指当采取赊销手段销货的企业对客户授信时，对客户资信情况进行要求的最低标准。通常以逾期的销售变现天数（Days Sales Outstanding，DSO）和坏账损失比率作为制定标准的依据。确定信用标准的主要因素包括：竞争对手的情况、客户情况分析、市场战略、库存水平、其他历史经验等。企业在确定信用标准时，不应该对客户采取价格歧视政策。

（二）信用期限

信用期限是指企业允许客户从购货到支付货款的时间间隔。在确定信用期限时，通常要考虑企业的市场份额、销售商从其供应商处得到的信用期限、资金融通的便利性和成本大小、市场特征、利润率、竞争压力、购买者拥有货物的时间、客户财务状况和提供付款期间的风险、季节因素和促销手段等因素。

（三）收账政策

企业解决与客户账款纠纷的目的主要不是争论谁是谁非，而在于怎样最有成效地将账款收回。收账政策是指当客户违反信用条件拖欠甚至拒绝支付账款时所采取的收账策略与措施，包括客户是否会拖欠或拒付账款、怎样最大限度地防止客户拖欠账款、账款遭到拖欠甚至拒付时采取怎样的对策。从理论上讲，付款是客户不容置疑的责任和义务，是企业合理利益要求所在。

（四）现金折扣

企业应鼓励购买者提前进行现金结算，或在尽可能短的时间内还清货款，通常采用现金折扣的办法。现金折扣是企业对客户在商品价格上所做的扣减。以价格上的优惠吸引客户提前付款，从而缩短企业的平均收账期。同时，现金折扣也是促销手段，可以招揽一些视折扣为减价出售的客户前来购货，从而扩大销售量。

设置现金折扣需要考虑付款期限、折扣率，形成了企业的现金折扣成本，在增加企业总收益的同时，也增加了企业的总成本。折扣普遍采用如“2/10，1/20，N/30”的形式，表示在某一付款期限内付款可以享受某种程度（%）的现金折扣。“/”前表示可以享受的价格优惠，“/”后表示付款期限。例如“2/10”表示在10天内付款可以享受2%的现金折扣率。当企业给予客户某种现金折扣时，应根据折扣所带来的收益和成本高低进行比较，以决定是否提供现金折扣以及提供多大程度的现金折扣，提供现金折扣后增加的收益，是否大于现金折扣形成的成本，据此进行正确选择。如果现金折扣带来的收益增量大于成本增量，应给予现金折扣；否则，相反。

［例5-1］某造纸厂产品销售额为200万元，行业信用期限为35天，银行年利率为10%。为扩大销售，信用管理部门向管理层提出了“3/10，2/20，1/30”的现金折扣条件，供造纸厂管理层选择。假如你是造纸厂厂长将如何决策？

解：

在销售额总额200万元不变的情况下，成本最小的方案为最佳方案。在其他成本不变的前提下，厂长只需要比较不同现金折扣成本大小。

（1）采用“3/10”的现金折扣率。

现金折扣成本 $= 200 \times 3\% - 200 \times 10\% \times (35 - 10) \div 360 = 6 - 1.39 = 4.61$（万元）

（2）采用“2/20”的现金折扣率。

现金折扣成本 $= 200 \times 2\% - 200 \times 10\% \times (35 - 20) \div 360 = 4 - 0.83 = 3.17$（万元）

（3）采用“1/30”的现金折扣率。

现金折扣成本 $= 200 \times 1\% - 200 \times 10\% \times (35 - 30) \div 360 = 2 - 0.28 = 1.72$（万元）

结论：通过比较发现采用“1/30”的现金折扣率时，企业现金折扣成本最小，可以作为促进产品销售的信用管理工具。

（五）信用额度

1.信用额度的概念与分类

信用额度是在信用条件下企业授予客户的赊销限额。通常情况下，客户的应收账款余额不应超过企业给予客户的信用额度，信用额度是客户占用企业资金的最高额度，在一定期间内，可以循环使用。设立客户信用额度便于通盘考虑，从整体上控制信用风险，如果处理得当，在保证信用部门经理权限的前提下，根据不同客户信用状况及时更新信用额度，可大幅提高企业信用管理工作的效率。与信用标准不同，按授信对象不同，信用额度可以分为企业授给客户群信用额度和授给某一个体客户信用额度。客户群信用额度是指对某一客户群发放的最大授信额度，需要考虑企业坏账风险的整体比例、企业能承担的整体信用风险、企业现有债务、企业面临的行业风险等因素。具体客户信用额度是指授信给单一客户的信用额度，需要考虑订货规模和货物或服务价格、订货周期、结算的行业标准条款、客户信用评级或评估、现有客户付款记录等。信用额度的评估是动态的，新设账户通常在设立信用额度不超过90天后进行更新，第二次更新通常在新开账户6个月以后。对信用客户的再评估一般间隔为6个月。

2. 确定个体客户信用额度的方法

确定个体客户信用额度的方法有多种，可以参考同类企业信用额度、运用小额度尝试、随业务量变化增长的方法确定，也可以根据购买专业调查机构的信用报告来确定，或使用公式计算的方法确定。

（1）营运资产法。

营运资产法是以客户的最大负债能力为最大额度计算企业信用额度的方法，是一个常用的信用额度计算方法。

第一步，计算营运资产规模。

营运资产用于衡量客户规模和经营实力，营运资产高说明客户经营实力强。净资产为企业自有资本或股东权益。

营运资产 = (营运资本 + 净资产) ÷ 2　　(5.1)

营运资本 = 流动资产 − 流动负债　　(5.2)

第二步，通过相关资产负债比率衡量营运资产质量。

流动比率与速动比率反映企业资产的流动性。比率越高说明企业短期偿债能力越强；否则，相反。

流动比率 = 流动资产/流动负债　　(5.3)

速动比率 = (流动资产 − 存货)/流动负债　　(5.4)

资本结构比率包括短期债务净资产比率与债务净资产比率。比率越高表示客户的净资本越少，对债权人而言风险越大，反之，越安全。

短期债务净资产比率 = 流动负债/净资产　　(5.5)

债务净资产比率 = 负债总额/净资产　　(5.6)

第三步，计算评估值。

评估值综合反映企业的信用能力，越高，表示企业的财务状况越好，风险越小。

评估值 = 流动比率 + 速动比率 − 短期债务净资产比率 − 债务净资产比率　　(5.7)

第四步，根据经验值，计算企业信用限额。

企业信用限额是指企业信用额度的限额，超过限额后，企业可能面临难以承受的信用风险。

根据评估值，确定经验性百分比率，评估值越低，经验性百分比率越低，风险越高，否则，相反。

信用限额 = 营运资产 × 经验性百分比率　　(5.8)

信用限额风险评估测量见表5−1。

表5−1　**信用限额风险评估表**

评估值	≤-4.6	-4.6~-3.9	-3.89~-3.2	-3.19~-2.5	-2.49~-1.8	-1.79~-1.1	-1.09~-0.4	-0.39~0.3	0.29~0.9	≥1
经验性百分比率（%）	0	2.5	5.0	7.5	10.0	12.5	15.0	17.5	20.0	25.0
风险程度	高	高	高	高	高	有限	有限	有限	有限	低

［例5-2］202×年12月，某企业营运资产数据见表5-2。

表5-2　　202×年12月某企业营运资产数据表　　单位：万元

项目	存货	净资产	流动资产	流动负债	非流动负债
金额	220	200	250	200	150

请用营运资产法计算信用限额。

解：

第一步，计算营运资产规模。

营运资产 = (营运资本 + 净资产) ÷ 2 = (流动资产 − 流动负债 + 净资产) ÷ 2

= (250 − 200 + 200) ÷ 2 = 125 (万元)

第二步，通过相关资产负债比率衡量营运资产质量。

流动比率 = 流动资产/流动负债 = $\frac{250}{200}$ = 1.25

速动比率 = (流动资产 − 存货)/流动负债 = (250 − 220) ÷ 200 = 0.15

短期债务净资产比率 = 流动负债/净资产 = 200 ÷ 200 = 1

债务净资产比率 = 负债总额/净资产 =(流动负债 + 非流动负债)/净资产

= (200 + 150) ÷ 200 = 1.75

第三步，计算评估值。

评估值 = 流动比率 + 速动比率 − 短期债务净资产比率 − 债务净资产比率

= 1.25 + 0.15 − 1 − 1.75 = −1.35

第四步，根据经验值，计算企业信用限额。

信用限额 = 营运资产 × 经验性百分比率 = 125 × 12.5% = 15.63 (万元)

(2) 销售量法。

销售量法是以客户上个月度（季度）订货量为基本数额，以本企业标准信用期限为参数，并以客户历史付款记录或客户的信用等级作为修正系数，计算客户的信用额度的方法。该方法简便易行，使用较广泛。

第一步，确定客户的上季度订货量。

根据老客户销量的定期记录或预计订货量确定。

第二步，确定本企业的标准信用期限。

通常以本地区本行业的一般信用期限为基本参考值，结合本企业资金实力及市场条件等具体情况制定。

第三步，计算信用限额。

$$信用限额 = 季度订货量 \times \frac{标准信用期限}{90} \tag{5.9}$$

第四步，通过修正，确定某客户的信用额度。

$$信用额度 = 信用限额 \times 风险修正系数 \tag{5.10}$$

风险修正系数有两种确定方法。第一种是依据客户信用等级。第二种是依据客户信用记录。信用管理人员应根据实际情况分析与总结或参照本行业的风险修正系数。

［例5-3］202×年12月，某IT企业客户上季度订货额为300万元，行业标准信用期限为30天，行业风险修正系数为80%，请计算该企业信用额度。

解：$信用额度 = 季度订货量 \times \frac{标准信用期限}{90} \times 风险修正系数$

$= 300 \times \frac{30}{90} \times 80\% = 80(万元)$

（3）回款额法。

回款额法是根据客户最近半年回款能力为客户设定标准信用额度的方法，适用于老客户信用额度确定，不适用于回款额不稳定的客户信用额度确定。

第一步，确定客户上半年每个月的回款额。

第二步，确定本企业的标准信用期限。

第三步，计算标准信用额度。

$$标准信用额度 = \frac{(最近月回款额 \times 6 + \cdots \times 5 + \cdots \times 4 + \cdots \times 3 + \cdots \times 2 + 半年内最远月回款额 \times 1)}{6+5+4+3+2+1} \times \frac{标准信用期限}{30} \quad (5.11)$$

［例5-4］202×年6月，某医疗设备制造企业客户上半年回款额数据见表5-3，行业标准信用期限为45天，请计算该企业标准信用额度（保留两位小数）。

表5-3　　202×年某企业1—6月回款额表　　单位：万元

项　目	1月	2月	3月	4月	5月	6月
回款额	70	65	72	80	85	88

解：标准信用额度可用加权平均法，参考行业标准信用期限计算。

$$标准信用额度 = \frac{(最近月回款额 \times 6 + \cdots \times 5 + \cdots \times 4 + \cdots \times 3 + \cdots \times 2 + 半年内最远月回款额 \times 1)}{6+5+4+3+2+1} \times \frac{标准信用期限}{30}$$

$$= \frac{(88 \times 6 + 85 \times 5 + 80 \times 4 + 72 \times 3 + 65 \times 2 + 70 \times 1)}{6+5+4+3+2+1} \times \frac{45}{30}$$

$$= \frac{528 + 425 + 320 + 216 + 130 + 70}{21} \times 1.5$$

$$= 120.64(万元)$$

二、企业信用政策评价原则与方法

（一）企业信用政策的评价原则

1.成本效益原则

成本效益原则是指通过比较采纳信用政策给企业增加的收益与成本，评价信用政策的优劣。权衡利弊，收益大于成本为优，收益小于成本为劣。

2.全面客观原则

全面客观原则是指制定政策的人员立场客观公正，不能以偏概全。立足于影响客户信用的每一个因素，依据真实的资料来源，用科学的评价方法，客观评价客户信用等级。

3.谨慎性原则

谨慎性原则是指信用政策制定时应重视影响客户的不利因素，对偿债能力及还款意愿等因素的分析要严格执行，工作到位，将信用风险控制在企业可承受范围内。

4.时效性原则

时效性原则是指信用政策应讲究时效性，应适应企业生产经营环境的变化，及时根据客户信用状况的变化更新客户的信用评价和信用政策。

5.稳定性原则

稳定性原则是指信用政策应该具有相对的稳定性，信用条件在一定区间保持不变，能够帮助企业销售规模实现长期稳定增长。

（二）企业信用政策的评价方法

1.收益成本比较法

收益成本比较法是指通过比较信用政策的成本收益来确定信用政策的效果。

成本收益是指应收账款发生的成本和给企业带来的收益。收益是指信用销售能够给企业创造的销售收入，扣除增加的销售成本后的收益增加额。应收账款的成本包括：①机会成本，指企业如果将应收账款的资金做其他投资应获得的收益。②管理成本，指调查客户情况、收集各种信息和账簿等管理活动产生的费用。③坏账成本，指无法收回的应收账款损失。④收账成本，是指应收账款的正常收款费用、逾期应收账款的催收费用等。⑤短缺成本，是指企业持有应收账款水平过低，减少产品销售从而影响企业利润而造成的损失。

［例5-5］某企业信用销售成本收益数据见表5-4。请分析2020年企业信用政策效果。

表5-4 **某企业信用销售成本收益数据表** 单位：万元

项目	机会成本	管理成本	坏账成本	收账成本	短缺成本	其他成本	销售收入
2019年	150	180	250	300	250	500	2 500
2020年	120	160	180	280	300	400	2 400

解：

通过比较2019年、2020年成本收益变化情况，可以判断企业信用政策效果。

2019年信用销售收益＝销售收入－机会成本－管理成本－坏账成本－收账成本－短缺成本－其他成本
＝2 500－150－180－250－300－250－500＝870（万元）

2020年信用销售收益＝销售收入－机会成本－管理成本－坏账成本－收账成本－短缺成本－其他成本
＝2 400－120－160－180－280－300－400＝960（万元）

结论：通过比较发现，2020年信用销售收益大于2019年信用销售收益，2020年企业的信用政策效果较好。

2.DSO方法

销售变现天数（Days Sales Outstanding，DSO），也称收账期。它是指企业收回应收账款所用的平均日期，一般也称为授信期限或平均信用期限。

（1）期间平均法。

期间平均法是较普遍的DSO计算方法，是通过期末应收账款余额占本期销售额的比例及本期天数来计算DSO的方法。计算的期间可以是三个月、半年或者一年。

$$\text{DSO}=\frac{\text{期末应收账款余额}}{\text{本期销售额}}\times\text{本期天数} \tag{5.12}$$

［例 5-6］某企业于2019年1月开始实行新的企业信用政策，2018年DSO天数为150.55天，相关数据见表5-5，请分析新的企业信用政策效果（保留两位小数）。

表 5-5　　2019年某企业销售数据表　　单位：万元

项　目	1季度	2季度	3季度	4季度
平均日销售额	6.5	7.2	6.8	7
总销售额	585	648	612	630
其中应收账款	180	196	188	206

解：

2019年总销售额 = 585 + 648 + 612 + 630 = 2 475（万元）

2019年应收账款余额 = 180 + 196 + 188 + 206 = 770（万元）

$$\text{DSO} = \frac{\text{期末应收账款余额}}{\text{本期销售额}} \times \text{本期天数}$$

$$= \frac{770}{2\,475} \times 365 = 113.56\text{（天）}$$

企业2018年DSO天数为150.55天，2019年DSO天数为113.56天，DSO天数比上年度减少36.99天（150.55-113.56），说明企业2019年的账款回收速度快于2018年，企业新的信用政策取得了较好效果。

（2）倒推法。

倒推法是以最近的一个月开始用总的应收账款减去逐月的销售额，直到总应收账款为零时，查看减去的总天数，总天数即为DSO。

［例 5-7］某企业于2020年1月到4月开始实行新的企业信用政策，2019年企业同期DSO天数为150.55天，请根据表5-6分析新的企业信用政策效果（保留两位小数）。

表 5-6　　2020年某企业1—4月销售数据表　　单位：万元

项　目	1月	2月	3月	4月
总销售额	21	24	30	27
其中应收账款	10	14	18	17

解：

2020年4月，企业的应收账款总额为：

10+14+18+17=59（万元）

59-27（4月份的销售额，天数30天）=32（万元）

32-30（3月份的销售额，天数31天）=2（万元）

因为2月份的平均日销售额为0.83万元（24÷29）。

所以，2万元相当于2月份2.41天（2÷0.83）的销售量。

那么，DSO=30+31+2.41=63.41（天）

由于企业2020年1—4月DSO天数为63.41天，2019年同期DSO天数为150.55天，DSO天数比上年度企业同期减少87.14天（150.55-63.41），说明企业2020年1—4月的账款回收速度快于2019年同期，企业新的信用政策取得了较好效果。

（3）账龄分类计算法。

账龄分类计算法是指综合考虑赊销和账龄的关系，对一段期间内不同账龄的应收账款分别计算DSO，最后相加，得出总赊销额的DSO。

［例5-8］某企业于2020年1月到6月开始实行新的企业信用政策，请根据表5-7通过账龄分类计算法按季度分析新的企业信用政策效果（保留两位小数）。

表5-7　　2020年某企业1—6月销售数据表　　单位：万元

项　目	1月	2月	3月	4月	5月	6月
总销售额	35	34	37	40	45	38
其中应收账款	17	19	15	23	25	20

解：

$$2020\text{年}1\text{月DSO}=\frac{17}{35}\times 31=15.06\,(\text{天})$$

$$2020\text{年}2\text{月DSO}=\frac{19}{34}\times 29=16.21\,(\text{天})$$

$$2020\text{年}3\text{月DSO}=\frac{15}{37}\times 31=12.57\,(\text{天})$$

$$2020\text{年}4\text{月DSO}=\frac{23}{40}\times 30=17.25\,(\text{天})$$

$$2020\text{年}5\text{月DSO}=\frac{25}{45}\times 31=17.22\,(\text{天})$$

$$2020\text{年}6\text{月DSO}=\frac{20}{38}\times 30=15.79\,(\text{天})$$

$$2020\text{年}1\text{季度DSO}=15.06+16.21+12.57=43.84\,(\text{天})$$

$$2020\text{年}2\text{季度DSO}=17.25+17.22+15.79=50.26\,(\text{天})$$

由于企业2020年1季度DSO天数为43.84天，2020年2季度DSO天数为50.26天，比上季度DSO天数增加6.42天（50.26-43.84），说明企业2020年2季度的账款回收速度慢于1季度，企业信用政策需要进一步分析具体原因，进行调整。

综合上述方法，期间平均法是典型的计算年度DSO的方法，但不考虑销售高峰与低谷变化，导致计算误差可能随着期间变长而变大，适合于综合评价使用。倒推法是从最近一个月算起的，能够比较准确地反映每一个月的DSO变化，但无法了解每笔被拖欠货款的账龄。账龄分类计算法可以弥补倒推法的不足，分析每笔应收账款的账龄，并通过计算每个阶段应收账款的比例，发现拖欠的原因和解决方法，但计算工作量较大。

3.应收账款账龄分析法

应收账款账龄分析法是指把应收货款按账龄的长短分为不同的账龄组，通过计算各账龄组的比重，分析信用管理政策的效果。

［例5-9］某企业将202×年1季度的逾期账款进行汇总，数据见表5-8，请分析本季度企业信用政策效果（保留两位小数）。

表5-8　　某企业202×年1季度逾期账款数据表　　单位：万元

项　目	1～30天	31～60天	61～90天	91～120天	>120天	合计
逾期账款	25	30	30	20	45	150

解：

$$1\sim30\text{天逾期账款比重}=\frac{25}{150}\times100\%=16.67\%$$

$$31\sim60\text{天逾期账款比重}=\frac{30}{150}\times100\%=20\%$$

$$61\sim90\text{天逾期账款比重}=\frac{30}{150}\times100\%=20\%$$

$$91\sim120\text{天逾期账款比重}=\frac{20}{150}\times100\%=13.33\%$$

$$>120\text{天逾期账款比重}=\frac{45}{150}\times100\%=30\%$$

由于企业202×年1季度中>120天的逾期账款比重为30%，占比最大，说明企业信用政策需要进一步分析具体原因，对逾期客户信用政策进行调整。

4.坏账水平测算法

（1）坏账率。

坏账率反映在某一时期企业信用管理降低坏账的能力。

$$\text{坏账率}=\frac{\text{注销的坏账}}{\text{销售总额}}\times100\% \tag{5.13}$$

坏账率法可以用于纵向分析和横向分析，是一个常用方法。坏账率法的不足之处在于因销售总额统计标准不同等原因，需要结合其他比率进行综合分析。坏账率法的优点是可以在信用相对较差的客户中，发现相对好的客户，提高准确度，从而促进信用销售额增长。

[例5-10]某企业从事餐饮设备制造业，2018年、2019年、2020年均有坏账损失，所在行业近3年坏账率分别为1%、1.2%、1.1%，该企业销售坏账资料见表5-9，请计算坏账率的大小，分析该企业信用政策效果（保留两位小数）。

表5-9　　某企业销售坏账资料表　　单位：万元

项目	2018年	2019年	2020年
销售总额	190	250	280
坏账数额	1.9	2	2.2

解：

通过比较2018年、2019年、2020年企业坏账率的大小，可以判断出企业信用政策效果。

$$2018\text{年坏账率}=\frac{1.9}{190}\times100\%=1\%$$

$$2019\text{年坏账率}=\frac{2}{250}\times100\%=0.8\%$$

$$2020\text{年坏账率}=\frac{2.2}{280}\times100\%=0.79\%$$

结论：通过比较发现，该企业2018年、2019年、2020年坏账率分别为1%、0.8%、

0.79%，与行业平均坏账率比较，2018年与行业坏账率持平，2019年、2020年均低于行业坏账率，说明信用政策效果较好。

（2）逾期账款率。

逾期账款率是指某一时期期末逾期账款占总应收账款的比率。

$$逾期账款率 = \frac{期末逾期账款}{总应收账款} \times 100\% \tag{5.14}$$

为更好地对企业信用政策进行评价，需要分析连续几个时期的逾期账款率，发现变化趋势，采取相应对策。

［例5-11］某企业2015年到2019年逾期应收账款数据见表5-10，请分析对比企业各年信用政策效果（保留两位小数）。

表5-10 **某企业2015—2019年销售数据表** 单位：年/万元

项 目	2015年	2016年	2017年	2018年	2019年
总销售额	350	320	350	390	400
其中逾期账款	15	19	12	14	20

解：

$$2015年逾期账款率 = \frac{15}{350} \times 100\% = 4.29\%$$

$$2016年逾期账款率 = \frac{19}{320} \times 100\% = 5.94\%$$

$$2017年逾期账款率 = \frac{12}{350} \times 100\% = 3.43\%$$

$$2018年逾期账款率 = \frac{14}{390} \times 100\% = 3.59\%$$

$$2019年逾期账款率 = \frac{20}{400} \times 100\% = 5\%$$

由于企业2016年逾期账款率为5.94%，占比最大，说明2016年企业信用政策需要进一步分析具体原因，加强管理，对逾期客户信用政策进行调整。2017年和2018年，逾期账款率指标下降，说明相应年度信用管理政策较好。但2019年逾期账款率指标上升到5%，需要分析具体原因，进行信用管理政策调整。

（3）信用批准率。

信用批准率是评估企业在信用申请方面采取的宽严尺度、申请质量、信用部门效率等方面的指标。

$$信用批准率 = \frac{被批准的信用申请额}{提交的申请额} \times 100\% \tag{5.15}$$

信用批准率公式反映了企业信用政策的总轮廓。信用批准率过低，说明信用政策保守，不利于企业的发展。信用批准率过高则说明信用政策可能过于宽松，导致信用风险增加。为保证客观性，应同时结合其他信用管理指标进行评价。

［例5-12］现有A、B、C3家企业的信用申请数量及相关资料，见表5-11。不考虑规模、市场份额等因素的影响，通过对3家企业的信用政策比较，分析哪家企业信用政策效果较好（保留两位小数）。

表5-11 企业信用申请数量表

项目	A企业	B企业	C企业
提交的申请额（元）	15 000	18 000	25 000
被批准的信用申请额（元）	12 000	16 000	18 000

解：

我们通过比较A、B、C企业信用批准率的大小，可以判断出哪家企业信用政策效果较好。

A企业：

信用批准率=12 000÷15 000×100%=80%

B企业：

信用批准率=16 000÷18 000×100%=88.89%

C企业：

信用批准率=18 000÷25 000×100%=72%

结论：通过比较发现，在不考虑规模、市场份额等因素影响下，B企业信用批准率为88.89%，在3家企业中最高，说明B企业的信用政策较好。C企业的信用批准率为72%，在所有企业中最低，信用政策较保守，不利于企业的长期发展。

[本章小结]

本章从企业信用政策的内涵与企业信用政策内容与评价方法两个方面分析了企业信用政策的内容。阐述了企业信用销售的概念、关键环节、管理、销售形式，以及企业信用政策的内容及类型、信用政策评价原则，分析了企业信用政策的评价方法。

[知识掌握]

1.名词解释

信用额度；信用销售；DSO方法；信用政策

2.单项选择题

（1）“1/10”表示在10天内付款可以享受（　　）的现金折扣率。

A.1%　B.2%　C.3%　D.4%

（2）营运资产法是以客户的（　　）为最大额度计算企业信用额度的方法。

A.最大负债能力　B.最大资产能力　C.最大销售能力　D.最大生产能力

（3）回款额法是适用于（　　）信用额度确定的信用管理活动。

A.新客户　B.老客户　C.新老客户　D.其他客户

（4）商业票据是指通过（　　）来实现信用销售的一种形式。

A.银行　B.票据　C.信用　D.转账

（5）通常以逾期的DSO和（　　）作为制定标准的依据。

A.资产负债比率　B.净资产比率　C.坏账损失比率　D.流动比率

3.多项选择题

（1）企业信用销售包括（　　）形式。

A.应收账款　　B.预付货款　　C.补偿贸易　　D.商业票据

（2）确定信用标准的主要因素包括（　　）。

A.竞争对手的情况　　B.市场战略

C.库存水平　　D.客户分析情况

（3）企业信用销售的关键环节包括（　　）三个方面。

A.信用销售前　　B.信用销售中　　C.信用销售后　　D.其他

（4）企业信用政策的评价原则有（　　）。

A.成本效益原则　　B.全面客观原则　　C.谨慎性原则　　D.时效性原则

（5）企业信用销售管理包括（　　）。

A.信用销售规划　　B.客户资信管理

C.客户授信管理　　D.应收账款管理

4.判断题

（1）信用标准解决客户是否有资格享有信用优惠问题。（　　）

（2）信用额度是在信用条件下企业授予客户的赊销限额。（　　）

（3）风险修正系数只能依据客户信用等级确定。（　　）

（4）按授信对象不同，信用额度可以分为企业授给客户群信用额度和授给某一个体客户信用额度。（　　）

（5）稳定性原则是指信用政策应该具有相对的稳定性。（　　）

5.思考题

（1）营运资产法的步骤有哪些？

（2）企业信用政策的评价原则是什么？

（3）企业信用政策的评价方法是什么？

［知识应用］

□ 案例分析

中国教育装备行业协会是国家发展和改革委员会组织推进行业信用体系建设工作典型。为落实国家发展和改革委员会关于行业信用体系建设的工作部署，加强协会自身建设，提升会员企业诚信自律意识，全面推进行业信用体系建设，协会正式发布中国教育装备行业协会诚信自律承诺书（见附件1）和中国教育装备行业企业诚信承诺书（见附件2）。

附件1

中国教育装备行业协会诚信自律承诺书

为了切实加强中国教育装备行业协会自身建设，全面推进教育装备行业信用体系建设，本协会郑重承诺：

第一条　遵守法律、法规和国家政策，遵守社会道德风尚，自觉接受业务主管单位和社团登记管理机关的业务指导和监督管理。

第二条　坚持遵循公平、公正、公开的原则，诚实守信，积极为会员提供服务，维护会员合法权益。

第三条　严格遵守财务管理制度，保证会计资料合法、真实、准确、完整。

第四条　按照章程和有关规定向会员收取会费并开具会费收据。协会商会向会员提供相关服务，应遵循自愿原则收取合理费用，收费标准按章程规定的程序确定。

第五条　及时向社会公开登记事项、章程、组织机构、接受捐赠、信用承诺、政府转移或委托事项、可提供服务事项及运行情况等信息。

第六条　进一步完善内部治理机构，建立健全协会决策机制、运行机制，以及自我约束、自我发展、自我服务的自律机制。

第七条　自觉接受社会各界的监督和批评，抵制和纠正不正之风。

承诺单位名称（加盖公章）：

年　月　日

附件2

中国教育装备行业企业诚信承诺书

为促进中国教育装备行业信用体系建设，加强企业自律，树立企业诚信守法经营形象，营造良好信用环境，本企业自愿作出以下承诺：

一、严格依照国家有关法律、法规，依法开展生产经营活动。

二、遵守财务制度和税务制度，依法及时纳税。

三、加强质量管理，保证产品和服务质量，不生产、销售假冒伪劣商品和“三无”产品，不虚假宣传，维护消费者合法权益。

四、加强安全管理，建立健全安全生产制度，杜绝安全事故发生。

五、树立环保意识，遵守环保法规。

六、加强合同管理，重合同，守信用，依法解决合同纠纷。

七、以人为本，善待员工，按时支付员工工资，缴纳社保，保证员工合法权益，建立良好的劳资关系。

八、自觉接受政府、行业组织、社会公众和新闻舆论的监督。

九、积极参与本行业的企业信用体系建设，自觉遵守企业信用管理规章制度，共同树立信用自律的道德观念和行业风尚。

十、本企业法定代表人已认真阅读上述承诺，并向本企业员工进行宣传教育，依法履行承诺，如有违反，自愿接受政府相关部门和中国教育装备行业协会的联合惩戒。

承诺单位名称（加盖公章）：

年　月　日

资料来源　中国教育装备行业协会.关于发布中国教育装备行业协会诚信自律承诺书和中国教育装备行业企业诚信承诺书的通知［EB/OL］.［2018-12-27］. https：//www.creditchina.gov.cn.

要求：请根据案例的内容，运用所学的信用管理相关知识，分析诚信承信书核心内容。

□ 实践训练

主题：企业信用政策

内容与提要：

（1）学生以5人为一个小组；

（2）事先对一家企业进行调研；

（3）通过本课程所学习的内容，对该企业信用政策制定的内容进行分析，并与其他企业进行对比。

成果检验：

（1）召开企业信用政策专题研讨会；

（2）各组分别将企业信用政策调研报告进行分享与展示；

（3）指出不同行业的企业信用政策的区别，并进行对比研讨。

第6章 应收账款管理

［**学习目标**］

通过本章学习，你应该达到以下目标：

知识目标：

1. 了解企业应收账款产生的原因和应收账款管理的概念、目标以及坏账的定义及特性。
2. 熟悉信用政策、应收账款回收管理的措施，以及应收账款管理的内容。
3. 掌握未到期应收账款的日常管理及收账技巧、逾期应收账款的管理及催收手段、收回应收账款的管理以及防范坏账的手段。

技能目标：

1. 定期查询应收账款收回情况的重要作用。
2. 学会防范企业发生坏账的方法。

［内容架构］

应收账款管理

- 应收账款管理概述
  - 应收账款概述
  - 应收账款管理的概念和目标
  - 应收账款管理的意义
- 应收账款管理分析
  - 信用政策
  - 应收账款管理的分类
  - 应收账款管理的内容
  - 应收账款报告
- 未到期应收账款的管理
  - 未到期应收账款的日常管理
  - 应收账款分析
  - 应收账款风险的分散方法
- 逾期应收账款的管理
  - 逾期应收账款的产生
  - 逾期应收账款的追收
  - 逾期应收账款的追收步骤
- 应收账款回收管理
  - 应收账款回收管理的意义
  - 加强应收账款回收管理的措施
  - 收账政策的制定及收账技巧
- 坏账管理
  - 坏账内涵
  - 企业坏账损失的防范及坏账的处理

案例导入

强化企业应收账款风险管理　应收账款动态管控

据统计，在市场经济发达国家，企业逾期应收账款总额一般不超过10%，而在我国，这一比例却高达50%以上，而且账款拖欠期平均达到90天左右。一般而言，应收账款拖欠时间越长，就越难以收回，而一旦形成呆账、坏账，则会严重影响企业的经济效益。

以四川长虹电器为例。自从确定了海外扩张的激进发展战略，四川长虹自1996年以来的应收账款就在不断增加，从1995年的1 900万元骤增至2003年的近50亿元；应收账款所占资产总额的比例，也从0.3%上升到23.3%。截至2005年第一季度，四川长虹的应收账款为27.75亿元，占资产总额的18.6%。而其现金流净额，则从1999年的30亿元急剧下降到了2002年的-30亿元。特别是在长达3年的时间里，对其海外最大客户APEX公司的巨额应收账款毫无预警，最终酿成了重大危机，导致四川长虹出现巨额亏损，留下了10年都难以弥补的窟窿。

为了避免出现同样的危机，企业除避免制定过度激进的发展战略，在应收账款方面，同样亦需要加强风险管控。例如，"家大业大"的上海电气集团，就把控制风险尤其是防范应收账款风险，作为财务管理的重中之重，其建立的应收账款管理体系具有以下4个特点：第一，突出重点。关注逾期3个月以上的应收账款，特别是对资信等级较低的客户进行重点关注；并将应收账款的管理集中在风险最大的客户与款项上。第二，简化流程。通过系统固化应收账款的管理流程，并定位项目责任人、收款责任人、责任部门接口人等，对款项回款全过程跟进；简化不必要的管理过程，提升催款效率。第三，实时管控。每日动态更新系统应收账款和回款数据；管理层实时管控催款动态，进行必要的管理介入。第四，精细化管理。对每笔逾期超过3个月的应收账款进行单独跟踪，通过逾期原因描述、责任部门定位、具体措施跟进，做到对每笔款项的精细化管理。

资料来源　刘晓翠.强化企业应收账款风险管理 应收账款动态管控［EB/OL］.［2013-06-27］. http://finance.sina.com.cn/leadership/mroll/20130627/180315941470.shtml.有删减。

启示：树立坏账风险意识、建立完善的应收账款内部控制制度以及加强应收账款的日常管理，均是企业在实施对应收账款全过程管理与控制的有效手段和重要环节。企业只有实现了对应收账款的有效管理和良好监控，才能盘活企业的资金存量和提高资金的使用效率，进而增强企业的财务弹性，最终在市场上立于不败之地。

6.1　应收账款管理概述

随着经济的不断发展，企业的销售形式也逐渐多样化，有直接销售、赊销、分期付款等多种方式。为了扩大市场份额、减少存货积压、给客户提供更多的便利，越来越多的企业在销售产品时选择采用赊销的方式，这就直接导致了应收账款的增加。

一、应收账款概述

（一）应收账款的概念

应收账款是指企业因销售商品、提供劳务等经营活动，应向购货客户或接受劳务客户收取的款项。换言之，就是购买方用赊购的方式来购买商品、享受服务，而销售方为提升销售额、减少库存量，用赊销的方式来销售商品、提供服务。对于销售方来说，由于暂时无法收到资金，这笔货款就形成了应收账款，这属于一种短期债权。

应收账款实际上表示企业在销售过程中被购买单位所占用的资金。企业只有及时、足额地收回应收账款，才能弥补企业在生产经营中的各种耗费，实现资金的回笼，进而保证企业持续经营。

（二）应收账款的类型

应收账款包括企业由于销售行为应向客户收取的款项，其又分为广义和狭义两大类。

广义的应收账款包含销售产品或提供劳务而应收的款项、分期应收账款、应收票据以及其他应收款项。

狭义的专指企业销售产品或提供劳务而应收取的款项。本章所说的应收账款管理主要是指对狭义应收账款进行管理。

（三）应收账款的特点

应收账款是由于企业销售产品或提供劳务而同购买方之间产生的短期债权，是一种流动资产性质的债权，属于一种商业信用。

1.风险性较高

应收账款是企业对于客户的一种债权，信用双方在未来都面临蒙受损失的风险。对于债权人来说，既存在着由于债务人的不守信用或缺乏资金而导致应收账款无法收回的风险，又承担着由于通货膨胀而使资产贬值的风险。

2.资金回笼较慢

一般情况下，在赊销交易行为发生之前，交易的双方会通过签订合同来规范对方的商业信用，从而降低应收账款的风险，交易合同中规定账款的还款期限、还款方式以及到期还款金额等明细条款。正因为合同中对归还期限的规定造成企业的销售行为和实际收款有时间差，使本应由企业持有的资金在这段时间里被购货方占用。

3.回收成本较高

一方面，企业为了收回长期挂账的应收账款，一般会按等值原则收回原来赊销出去的货款，而收回的资产可以是货币资金也可以是实物，对企业来说，实物的价值已被消费或使用，已失去原有的价值，因此企业不得不付出较高的成本。另一方面，企业会因为持有应收账款而付出一定的成本，这些成本主要包括机会成本、坏账损失成本、管理成本、现金折扣成本等，这些应收账款的成本无疑增加了企业资金流动的压力。

（四）应收账款形成的原因

产生应收账款的原因，主要有以下两种：

第一，商业竞争。这是发生应收账款的根本原因。在社会主义市场经济条件下，存在着激烈的商业竞争，竞争机制的作用迫使企业以各种手段扩大销售、开拓市场，除了依靠产品质量、价格、售后服务、广告等外，赊销也是扩大销售的手段之一。企业销售产品一般采用现销和赊销两种方式。现销可以避免坏账，及时收到款项，企业比较喜欢以现销的方式销售产品。但出于扩大销售的竞争需要，企业不得不以赊销或其他优惠方式招揽顾客，赊销方式可以使买方在购货时不用立即付完货款，而是在信用期内付款即可。由竞争引起的应收账款，是一种商业信用。

第二，销售和收款的时间差。商品成交的时间和收到货款的时间经常不一致，这也导致了应收账款。现实生活中现金销售是很普遍的，特别是在零售企业更常见。而就一般批发和大量生产企业来讲，发货的时间和收到货款的时间往往不同，这是因为货款结算需要时间。结算手段越是落后，结算时间就越长，销售企业只能承认这种现实，并承担由此引起的资金垫支。由于销售和收款的时间差而造成的应收账款不属于商业信用，也不是应收账款的主要内容。

二、应收账款管理的概念和目标

应收账款管理是指在赊销业务中，从销售方将货物或服务提供给购买方，债权成立开始，到实际收回货款或作为坏账处理结束，销售方采用科学有效的方法和手段，对应收账款收回全过程所进行的管理。应收账款管理的目的是保证全额、及时地收回应收账款，从而降低和避免风险。

应收账款管理的目标，是要制定科学合理的应收账款信用政策，并在这种信用政策所增加的销售盈利和采用这种政策预计要担负的成本之间作出权衡，以保证企业利润的顺利实现。应收账款管理还包括企业未来销售前景和市场情况的预测和判断，以及对应收账款安全性的调查。

三、应收账款管理的意义

由于应收账款存在一定的风险，为了减少相关风险造成的不必要损失，企业不可忽视加强应收账款管理的重要意义。

（一）良好的应收账款管理可以提升资金的利用率

资金是企业保持健康活力的血液，是生存和发展的根本所在，而对企业的生存发展起着决定性作用的是现金流量的管理水平。良好管理的应收账款能够使得资金回收得到保证，从而保证企业拥有充足的现金加以应用，有效提升内部资金周转率，为企业盈利能力的不断提高提供有力的支持，为企业效益的提升、更好的发展奠定基础。

（二）良好的应收账款管理还可以大大提升应收账款的回收速度

企业为了占领市场、增强竞争力，都会采用赊销政策，这就不可避免地会增加大量的应收账款，如果这些款项不能及时有效地收回，就会占用大量资金，影响企业的发展，甚至产生坏账损失，增加企业的经济负担。企业应当加强应收账款的管理，采用适当的催收政策和优惠政策，加强监督和管控力度，有效保证账款的收回工作顺利完成，为企业的发展打好基础。

（三）良好的应收账款管理可以有效提升产品的市场竞争力

企业要想减少应收账款，就必须采取措施从本质上提升产品的质量、性能等各方面指标，从而使得产品在市场上脱颖而出、独占鳌头，打败市场上的同类竞争产品，拥有选择客户的权利。这在一定程度上也能够减少应收账款和坏账损失出现的可能性，降低占用资金的风险。

6.2　应收账款管理分析

世界发展日新月异，产业革命急速变化，市场竞争日趋激烈，应收账款的有效管理成为企业财务管理的核心。对于企业来说，加强应收账款管理通常通过缩短应收账款周转天数、加强资金流动性与变现能力，聚焦监管应收账款信用管理机制，从而促进企业的良性和持续发展。

一、信用政策

信用政策是指企业基于对客户资信情况的认定而给予客户赊销方面的优惠。信用政策的内容主要包括信用条件（包括信用期限、现金折扣政策）和信用标准。

（一）信用条件

1.信用期限

信用期限是指企业在销售商品时给予客户付清全部款项的期限。确定企业应收账款信用期限的办法是将信用期限内的边际收益（销售收入与变动成本的差额）与其边际成本（相关的成本费用）相比较，若边际收益大于边际成本，则延长信用期限的方案是合理的。

2.现金折扣

现金折扣是企业为了使客户尽早偿付货款，而在商品价格上给予的扣减。企业决定是否为客户提供现金折扣时，需要将由于提供现金折扣减少资金占用所带来的收益与现金折扣支出进行比较，若前者大于后者，则现金折扣政策可行。现金折扣政策的内容包括折扣率和折扣期限，通常的表示方法为：2/10、1/20、N/30，即10天内付款给予2%的折旧，20天内付款给予1%的折扣，30天内付款无折扣。

（二）信用标准

信用标准是指客户获得企业商业信用所应具备的基本条件。一般以预计的坏账损失率作为判断标准。企业通常采用“5C”评价法对客户信用质量进行评价分析。“5C”评价法是指对客户的品质、能力、资本、抵押品和条件5个方面的内容进行评价分析。

1.品质

品质是指客户履约或违约的可能性，是评估客户信用质量的首要指标，是应收账款的回收速度和回收数额的决定因素。

2.能力

能力是指客户的偿债能力，即其流动资产的数量和质量以及与流动负债的比例，其判断依据通常是客户的偿债记录、经营手段以及对客户工厂和公司经营方式所做的实际调查。

3.资本

资本是指客户的财务实力和财务状况，表明客户可能偿还债务的背景，如负债比率、流动比率、速动比率等财务指标。

4.抵押品

抵押品是指客户拒付款项或无力支付款项时能被用作抵押的资产，一旦收不到这些客户的款项，便以抵押品抵补，这对于首次交易或信用状况有争议的客户尤为重要。

5.条件

条件是指可能影响客户付款能力的经济环境，如客户在困难时期的付款历史、客户在经济不景气情况下的付款可能等。

二、应收账款管理的分类

企业应收账款管理按业务发展流程和时间顺序，可以分为3个不同阶段：事前管理、事中管理、事后管理。

（一）事前管理

应收账款事前管理主要是依据客户的信用信息调查状况，制定符合企业实际情况的信用政策，同时加强企业对应收账款的内部控制，严格执行应收账款规定的业务流程，保证应收账款事前管理的有效实施。只有严格把控事前信用管理，才能从根源上降低坏账的风险，增强赊销交易的安全性，这是应收账款管理的基础。

1.建立专门的信用管理机构

企业在发生赊销业务之前，首先要调查客户的基本情况，设立专门的信用档案，进而科学地预判客户的偿还能力，最终结合客户的信用等级，制订可行的销售方案。

2.采用合理的信用政策

当企业完成客户信用考核之后，在具体执行时，也要考虑多方面的内容。尤其在为客户提供一定的信用优惠时，要仔细斟酌实际信用条件。

（二）事中管理

应收账款事中管理是对赊销交易整个过程进行控制与管理，这是应收账款管理中的重要环节。

1.建立赊销审批制度

为了避免坏账情况的出现，对于每一笔赊销业务，都要设立相应的信用额度，并遵循相应的审批制度进行处理。在赊销交易环节，客户提出赊销审批，由企业专门的审批机构对其进行审批。

2.规范销售合同的签订和管理制度

当审批意见通过之后，并与客户达成相同意见时，双方就可以签署销售合同。合同签订后还要规范合同的保管工作，将合同录入应收账款管理系统，便于收款工作的开展。

3.做好应收账款的账龄分析

为了更好地完成对应的收款任务，对于应收账款资料，要进行科学的账龄分析，并时刻关注该款项的收回进度，以及其实时状态变化。

（三）事后管理

应收账款事后管理是指赊销合同签订后对应收账款进行跟踪管理。

1.应收账款的动态跟踪管理

为了取得良好的收款效果，对于应收账款，可以采取动态跟踪管理的办法。当客户的信用情况发生改变后、客户资金运营出现问题时，应及时采取有效措施，尽量降低企业损失。通过这一模式，可以及时发现异常情况，对于有迹象到期不付款的行为进行准确辨识，从而可以采取相应的追讨措施。

2.发挥会计监督作用，及时掌握应收账款的变化情况

在确定应收账款后，有关人员要依据这一数据，与客户进行定期对账操作，以确保该

账目的准确性，同时可以实时了解客户情况，特别是当双方关于账款存在疑问时，可以及时对账，进而解决不必要的麻烦。

3.应收账款的催收

建立应收账款催收制度，按照催收计划，及时安排专人进行催收，对客户发出催收通知，客户如果有盈余资金，并且有回款意向的，企业就可以及时收回足额货款。对于逾期的应收账款，需要查明原因，具体问题具体分析，实行区别的收账政策，采取有效的催收程序和有针对性的措施加强催收管理，若前面的措施未起到预期效果，可以采取法律手段，维护企业的合法权益。

三、应收账款管理的内容

企业应收账款管理的内容主要包括：

（1）根据企业的实际情况和市场环境，制定科学的信用政策。

（2）控制应收账款的发生规模，使企业持有的应收账款总额保持最佳水平。同时，认真审查客户，确保应收账款的及时足额回收。

（3）配合企业财务部门，加强对应收账款的日常监督与分析，以便随时掌握企业持有应收账款的基本情况，便于作出适时的决策。

（4）采取有力措施，加强应收账款的收款管理。对于确实无法收回的应收账款，建立坏账注销制度。

（5）在重点搞好应收账款管理的同时，对于企业有可能发生的其他应收款项也实施有效的管理。

企业应收账款管理的流程如图6-1所示。

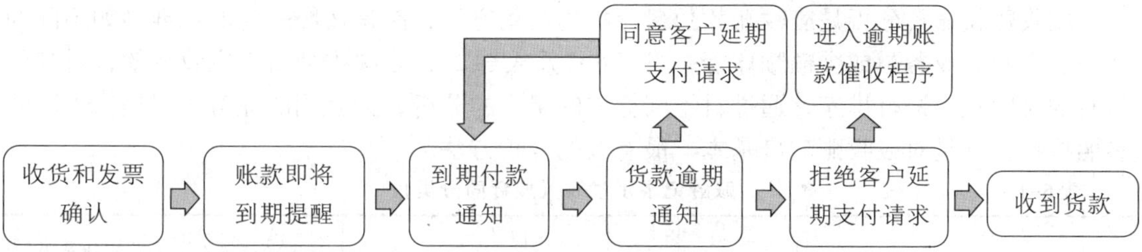

图6-1　企业应收账款管理的流程图

四、应收账款报告

应收账款报告主要针对各个客户各个时期的应收账款情况通过账龄分析进行汇总计算，实际上就是将每笔应收账款按照对其所持有的时间进行排序的简单统计表述，从而为指导企业信用管理部门信用额度控制工作和逾期应收账款催收工作提供依据。它的主要内容包括：

（1）企业有多少应收账款尚在信用期内；

（2）企业有多少应收账款超过了信用期；

（3）不同账龄的过期账款各占多少；

（4）有多少应收账款可能会因拖欠时间太长而发生坏账损失。

6.3 未到期应收账款的管理

一、未到期应收账款的日常管理

（一）未到期应收账款的日常管理的必要性

通过对企业所持有应收账款的日常监督和分析，可以定期掌握企业应收账款持有水平，制定有针对性的催收政策，减少坏账风险，随时采取有效的措施将应收账款调整到一个合理的总持有额度。对合同期内的应收账款管理的主要目的是防范客户企业的经营和产权状况在信用期限内发生重大变化，导致不能正常付款。

（二）未到期应收账款的日常管理

未到期应收账款的日常管理工作主要包括：

（1）做好基础记录，及时与客户沟通，了解客户付款的及时程度。

（2）检查客户是否突破信用标准，尽早发现客户经营或产权发生重大变化的征兆。

（3）掌握客户已过信用期限的债务，到期前提示客户付款。

（4）分析应收账款的数量和质量，确定合理的应收账款持有水平。

（5）适时采用加速回收应收账款的方法。

（6）编制账龄分析表，检查应收账款的实际占用天数。

二、应收账款分析

（一）应收账款数量分析

应收账款账龄分析是应收账款数量分析的常用方法，它是按照一定的标准（如不同的客户、合同、业务员或金额顺序等，见表6-1及表6-2），依次排列所有应收账款，对其所持有的时间长短进行排序，通过对不同标准的组合的分析，为公司的业务发展提供不同的参照依据。这是对应收账款最基本、最有效的分析方法。

表6-1 **账龄记录示意表（按合同分类）**

客户	合同编号	类别	日期	应收日期	发票号	对应号	金额	信用期内	逾期(天)	逾期(天)	逾期(天)	逾期(天)
									0~30	31~60	61~90	91~180
A	2019003	账单	2019/1/1	2019/1/31			66 666.00					
	2019006	账单	2019/2/15	2019/3/17			88 888.00					
	2019003	付款	2019/1/31		12435	2019101	66 666.00					
	2019006	付款	2019/3/15		43562	2019215	88 888.00					
B	2019008	账单	2019/7/12	2019/9/12			453 785.00					
		付款	2019/7/31		34257	2019712	226 890.00	226 890.00				
		付款	2019/9/30		34578	2019712	126 765.00		126 765.00			
		付款	2019/12/31		34567	2019712	100 130.00				100 130.00	

表6-2　　账龄分析示意表（按客户分类）

客户	应收账款余额	信用期内	31~60天	61~90天	91~180天	180天以上
A	10 000	10 000				
B	20 000	10 000	10 000			
C	30 000		10 000		10 000	10 000
D	30 000			30 000		
E	10 000	10 000				
合计	100 000	30 000	20 000	30 000	10 000	10 000
比例	100%	30%	20%	30%	10%	10%

应收账款账龄分析的流程：

（1）分析应收账款的账龄结构，按应收账款的收回时间分类；

（2）统计各时间内支付和拖欠的应收账款情况；

（3）根据每个客户的应收账款情况和支付进度编制账龄记录表；

（4）对不同客户不同时段的逾期账款汇总整合编制账龄分析表，由此衡量企业的应收账款管理水平。

应收账款账龄分析的优点：可以帮助企业了解每一笔应收账款的逾期情况、每个客户的拖欠情况；通过分析企业的应收账款回收状况，可制订催收计划；根据账龄分析测算出每期可收回的应收账款净值和作出坏账准备金预算。

（二）应收账款质量分析

应收账款的质量是根据其收账成功可能性定义的，最常见的分级是按照账龄进行的分级。按照这种方法，对企业的应收账款的分级包括：未到期应收账款、进入预警期内的应收账款、到期应收账款、逾期应收账款、付诸专业追账的应收账款、付诸法律的应收账款、坏账。

从客户角度来考虑应收账款的回收质量，即按照客户的付款行为进行分组。客户的付款行为一般分为如下几类：应该付款时才付款、被提醒时才付款、被警告时才付款、在付款前宣告破产。作应收账款分析时，将不同客户放到4类中，一般总是第二类最多。绝大多数客户是被提醒后才付款。如果没有被提醒，则一般在方便的时候付款。

应收账款质量分析有以下方法：

1.应收账款收现保证率分析

应收账款收现保证率=（当期必要现金支付总额－当期其他稳定可靠的现金流入总额）÷当前应收账款总额

2.平均收账期法

平均收账期（ACP）=应收账款余额÷日平均信用销售额

3.比率分析法

应收账款余额与信用销售额的比率=应收账款余额÷有效时间区间的信用销售额×100%

应收账款余额与流动资产余额的比率=应收账款余额÷流动资产余额×100%

应收账款余额与企业资产总额的比率=应收账款余额÷企业资产总额×100%

应收账款质量分析的优点：可以充分了解企业各级应收账款的情况、各组客户的回款质量；通过质量分析方法，科学分析企业应收账款的回收情况，便于企业有效地收回和利用资金。

三、应收账款风险的分散方法

由于企业的应收账款有无法收回的风险，因此，在形成应收账款前，企业可以采取一些措施来保证及时足额地收回款项。

（1）采取预收账款的方式销货，要求客户在发货前先支付部分货款，款到后再发货；

（2）制定特殊的销售条件规定货物的所有权只有货款付清才转移至客户；

（3）借助第三方作风险担保，对追讨债务所发生的法律、不付款风险等进行投保；

（4）采用购买金融产品等创新应收账款风险管理办法。

6.4 逾期应收账款的管理

逾期应收账款是指少数客户不能在信用期限内按照其承诺付清货款，这种到期未得到归还的应收账款，俗称客户拖欠。与未到期的应收账款性质不同，逾期应收账款是客户违约的表现。强化逾期应收账款管理，可以帮助企业尽快收回款项，防止坏账的发生。

一、逾期应收账款的产生

（一）逾期应收账款产生的原因

逾期应收账款产生的原因主要有3种：政策性拖欠、客观性拖欠和管理性拖欠。

1.政策性拖欠是指存在着政府干预企业经营的情况，导致客户的应收账款暂时无法归还。

2.客观性拖欠是由于客户遇到不可抗力或由于管理不善而导致财务状况恶化，甚至破产，因而产生逾期应收账款。

3.管理性拖欠是由于企业自身管理不善，欠缺应收账款信用管理功能，导致逾期应收账款产生。

（二）逾期应收账款对企业正常运营的影响

1.影响企业流动资金的周转

大量应收账款的逾期会导致企业大量流动资金被不合理占用，必将影响企业流动资金的周转，使企业货币资金短缺，从而影响企业的正常开支和生产经营。如果应收账款被长期拖欠，既会影响企业资金周转与有效利用，还会增加企业的利息支出和为催收欠款而发生的各种费用。

2.增加了企业资金的机会成本

企业应收账款所占用的资金，客观上要求在经营中加速周转，得到回报，但由于逾期应收账款的比例在不断上升，致使大量资金被沉淀，借款时间被延长，增加了利息费用。被占用的资金丧失了其时间价值，大大降低了企业资金的有效利用率，从而增加了企业资金的机会成本。

二、逾期应收账款的追收

（一）逾期应收账款管理的目标

逾期应收账款管理的基本目标是使其发生率低于业内企业的平均水平；最高目标是在与非恶意的客户能够继续进行生意往来的条件下，以最少的时间、最低的成本，全额收回客户欠款，并获得客户为违约而付出的罚金。

（二）逾期应收账款的诊断

对逾期应收账款的诊断工作应交给大型征信机构的商账追收专家处理。信用管理部门不需要将每笔逾期应收账款拿出去诊断，但账龄长、额度大的账款需要作诊断。对逾期应收账款的诊断包括：

1.了解该笔账款在欠债方所在国家是否已经过了法律诉讼时效。

2.合同是否规定还款日期，是否有重大漏洞。

3.欠债企业是否有偿债能力；欠债企业是否已经破产。

4.追回的货款是否能够抵偿追账费用等。

三、逾期应收账款的追收步骤

企业信用管理部门应设计有效的逾期应收账款追收程序。通常，追收程序从应收账款到期后的第11个工作日开始。

（一）逾期应收账款的追收程序

客户到期没有偿还货款有多种原因，因此应根据客户申请延期付款的具体理由，信用管理人员再次审查该客户的资产和信用状况，决定处理方法。通常做法有两种：第一，同意延长客户的付款期，但争取在赊销合同补充条款中加上担保类的附加条件；第二，将客户直接送入追收程序。

（二）企业内外勤提示

企业内勤提示是指企业追收人员通过信函、电话或电报等方式礼貌提醒对方付款期已到，要求对方尽快付款。其主要手段有信函追收、电话追收、传真追收、电子邮件追收等。电话追收是最常用且最有效的应收账款追收方法。

企业外勤提示是指企业追收人员专程上门实施追收，对欠款客户施加还款压力。通过客户反馈仔细分析原因，包括应收账款发生原因和无法收回的原因，寻找对策，及早收回款项。

（三）委托专业追账机构

追账机构主要利用社会信用体系建立起来的失信惩罚机制的力量，依法对债务人进行破坏信用记录的威胁、道德和心理压力、法律诉讼的威胁等。

追账机构在客户企业所在地用法律方法追账，管理措施严密。其表现为：账龄分析、完整的证据、没有漏洞的法律语言、合适的频率、适当的登门拜访、诉诸法律的威胁、法律背景等。

（四）信用保险服务

信用保险是指权利人向保险人投保债务人的信用风险的一种保险，是一项企业用于风险管理的保险产品。其主要功能是保障企业应收账款的安全。其原理是把债务人的保证责任转移给保险人，当债务人不能履行其义务时，由保险人承担赔偿责任。

企业在进行应收账款管理的同时，还可以开展信用保险。在投保时，应在坏账损失和保险费之间进行权衡，以使企业风险最小、收益最大。在国外，企业为了避免在提供赊销时遭受意外的坏账损失，可以向保险公司投保信用险。而目前，我国大部分保险公司尚未开展这项业务。

（五）国际保理服务

国际保理又称为承购应收账款，是指在以商业信用（如以D/A作为付款方式）出口货物时，出口商交货后把应收账款的发票和装运单据转让给保理商，即可取得应收取的大部分货款，日后一旦发生进口商不付款或逾期付款，则由保理商承担付款责任，在保理业务中，保理商承担第一付款责任。

（六）利用法律手段追账

诉诸法律是追账成本最高且最耗精力的方法，不到万不得已，不会轻易使用。它也是追账最后的选择手段。只有客户存在逾期账款额度相当大、信用管理部门追账不能取得成功，或者追账机构也没有取得明显追账效果，但经过诊断后客户仍有还款能力的条件下，才会诉诸法律。

常见应收账款追收方式比较见表6-3。

表6-3 **常见应收账款追收方式比较**

追收方式 对比项目	企业自行追收	委托专业追账机构	法律手段追账
追收效果	前期效果好，时间越长效果越差	中期效果最好	后期效果较好
追收效率	一般	较高	较低
维护客户关系	最有利于维护客户关系	可能影响客户关系	可能恶化客户关系
追收时间	不确定	一般在受委托后马上处理	最长
花费成本	费用最少	一般	费用很高
注意事项	企业往往缺少有经验的追收人员	一般来说,收账代理机构对当地法律及商业习惯很熟悉	诉讼失败会增加损失,胜诉后的执行问题

6.5 应收账款回收管理

一、应收账款回收管理的意义

对企业而言，应收账款既是企业在激烈的市场竞争中立足的重要措施，也是企业经营中需要面对的风险隐患。企业只有有效地对应收账款回收进行管理，及时足额收回款项，才能提高公司的运营效率、降低公司的财务风险，才能在激烈的市场竞争中生存并且得以可持续发展。

二、加强应收账款回收管理的措施

（一）改善内部控制制度，强化应收账款日常管理

对于内部控制制度的完善，应当定期与客户进行收账核对，把相关凭据保存好，便于日后管理。定期回访客户，了解经营情况，维持良好的合作关系，提醒还款期限，减少坏账产生的可能性。企业应当针对不同账龄的款项分类管理，同时加强监督，不断地查漏补缺，提高效率。

（二）重视应收账款回收管理，加强各部门之间的配合

应当深刻认识到加强应收账款管理工作的重要性，明确其对于企业发展的重大影响，加大对收账工作的管理和监督力度。要实时掌握工作进度，杜绝工作人员的懒散懈怠情绪，端正态度，设立专门部门进行核算管理，明确每个部门的职责，优化组织架构，加强合作，促进各部门之间的有效沟通交流，尤其是财务部门与销售部门的沟通，统一目标，充分发挥每个部门的协同作用，完善管理机制，保证收账工作的顺利进行。

（三）制定合理高效的收账政策

企业只要存在赊销行为，都不能避免应收账款的回收工作，所以制定科学合理的收账政策非常关键。首先，根据对各个客户的应收账款分析，制订不同的收账方案。可提供低于应收账款成本的现金折扣来促使客户主动还款，在考虑成本效益原则的基础上加快回笼资金的速度，为企业保驾护航。对于超期较长的客户，可通过电话、函证、上门催收、委托中介机构等方式增加催收频率。

三、收账政策的制定及收账技巧

（一）收账政策的制定

企业应科学合理地制定收账政策，在收账成本和减少坏账损失之间做出权衡，制定收账预算表；同时，制定收账奖惩制度，落实内部催收款项的责任，将应收款项的回收与内部各业务部门的绩效考核及其奖惩挂钩，将应收账款周转率指标纳入绩效指标考核体系；对一些有逾期付款记录或信誉不良的公司要求提供第三方担保，第三方可以是财务状况良好的公司或金融机构，如银行或母公司等。

（二）常用的收账方法

1.付款通知

付款通知可以通过账单、发货单或者发票的形式进行。付款通知的内容一般应包括：客户订单号、发货单号、金额和付款时间等。

2.信函收账（包括传真）

信函可以签发给大量客户，比较正式规范。大量的应收款项可以通过信函催回，但缺点在于信函有时容易被忽略。

3.电话收账

电话具有迅速直接的优点，能够加强与客户的沟通，及时了解客户付款情况和延期付款理由，甚至可以解决小问题。这是最常用、最有效的收款方式。

4.上门收账

当以上方法无效或遇上重点客户时，可以采取上门收账的方式，相对来说这个方式效

果比较好但容易引发矛盾冲突。

按照国际惯例，一般客户的收账程序见表6-4。

表6-4 一般客户的收账程序

步骤	欠款时间段	部门	作用	联系方法	催账阶段	催账形式
1	逾期1天	销售部	提醒	电话	提醒客户	礼貌提示已违反合同条款
2	逾期1周	销售部	了解	传真	了解客户	了解客户发生了什么问题
3	逾期2周	销售部	催款	拜访	第一次正式催账	显示证据，取得还款计划
4	逾期3周	销售部	催款	传真并拜访	第二次正式催账	严肃通知将采取若干措施
5	逾期1个月	信控部	介入	电话或信函	压迫客户式谈话	停止赊销，表达不满
6	逾期1个半月	信控部	介入	电话或拜访	第一次经理对话	提升催款级别
7	逾期2个月	信控部	介入	拜访	第二次经理对话	停止销售，全力催讨
8	逾期3个月	公司	通牒	挂号信	最后通知	最后通牒
9	逾期4个月	律师	法律	委托律师	提起仲裁或诉讼	采取法律行动

6.6 坏账管理

赊销有利于企业增加销售收入，从而提高当期利润。但是，市场存在着风险，赊销带来的应收账款如果不能及时收回，就会影响企业资金的正常周转，从而影响企业获利水平的进一步提高甚至造成下降。一旦由于各种原因导致企业的应收账款无法收回，即发生坏账。

一、坏账内涵

（一）坏账的概念

坏账是企业因购货人拒付、破产、死亡等原因而无法收回的各项应收款项，也称为呆账。企业因坏账而遭受的损失为坏账损失或减值损失。由于市场经济的极大的不确定性，企业的应收账款很可能最终不能全部收回，当账款不能部分或者全部收回时，就会产生坏账。这里所谓的坏账，是指不能收回的应收账款。

（二）坏账产生的原因

应收账款坏账产生的主要原因是由赊销引起的，由于赊销对买卖双方都有一定的好处，所以在现在很多企业的运营中都有赊销的经营策略，但是在将产品赊销出去之后，企业要背负很大的风险，如果企业稍加不注意，赊销账款就会变成坏账，对企业的经营产生影响。企业坏账产生的原因主要有：

1.赊销交易双方一方出现信用失控

坏账的实质就是不能收回的应收账款，因此应收账款就是坏账出现的基础。赊销的经营方式存在很大的风险，主要是建立在交易双方对彼此的信任上，所以一旦双方中有一方的信用失控，就会对交易造成影响，出现坏账。

2.财务管理不严格，缺乏对应收账款的管理

企业管理过程中，出现坏账的主要原因就是对应收账款的管理不到位或缺乏对应收账款的管理。企业在进行财务管理的过程中，对应收账款的记录工作不到位，缺乏收款渠道，导致某些应该收取的账款无法收取，因而产生了该账款收取拖延甚至变成了坏账的现象。

（三）坏账的确认方法

我国《企业财务通则》规定，应收账款只有符合下列条件之一才能作为坏账损失：

一是债务人破产，依照民事诉讼法清偿后，仍无法收回的；

二是债务人死亡，无遗产可供清偿或遗产不足清偿又无义务承担人，确实无法收回的；

三是债务人逾期未履行偿债义务，超过3年仍无法收回的。

在判断是否为坏账时，应该看是否具有债务关系已成立、债务人已知、金额确定、债务被认为不能收回等特征，以免造成不是坏账的“坏账”出现。

（四）坏账的影响

1.对企业的信誉、借贷能力造成影响

企业的信誉是企业在经营中的一项重要资本，企业只有在市场上拥有很好的信誉，才能在市场上做大做强。应收账款坏账的大量出现，会对一个企业信誉造成很大的影响。应收账款坏账的增多，会破坏供应资金渠道和供应链条，如果不能及时还清供应商的供应货款，就会导致供应商对企业的信任度降低。

2.制约着企业的发展和经济效益

企业经营的目的是获得利润，企业只有保证企业的销售能力稳步增长，且现金链条不发生中断，才能保证企业的正常获利。但是在企业的运营中，一旦出现了坏账现象，就会造成资金不能及时收回的现象，资金不能收回导致货款损失、利润损失，同时企业还要耗费人力、物力去处理收账的事项，这将大大降低企业的获利水平。

3.降低企业应对市场危机的能力

企业有很多应收账款坏账存在，会导致企业的流动资金短缺，制约企业的经营发展，同时还影响企业应对市场危机的能力，如果企业的资金量少，对市场变化的抵抗能力就会变差，从而应对市场危机的能力就会下降。

二、企业坏账损失的防范及坏账的处理

（一）建立应收账款坏账准备制度

企业应建立应收账款坏账准备制度，提高企业承担坏账风险的能力。现实中，无论企业如何努力，总会出现坏账。为此，出于企业平稳运行的考虑，企业要提前进行坏账预判，并设立对应的备用金，以应对坏账的出现。

（二）坏账准备计提方法

根据《企业会计制度》的规定：企业坏账损失的核算应采用备抵法，计提坏账准备的方法由企业自行确定，可以按余额百分比法、账龄分析法、销货百分比法等计提坏账准

备，也可以按客户分别确定应计提的坏账准备。具体来说，坏账准备的计提方法有四种，即余额百分比法、个别认定法、账龄分析法和销货百分比法。

1.余额百分比法

这是按照期末应收账款余额的一定百分比估计坏账损失的方法。坏账准备计提百分比由企业根据以往的资料或经验自行确定。在余额百分比法下，企业应在每个会计期末根据本期期末应收账款的余额和相应的坏账率估计出期末坏账准备账户应有的余额，它与调整前坏账准备账户已有的余额的差额，就是当期应提的坏账准备金额。

采用余额百分比法计提坏账准备的计算公式如下：

当期应计提的坏账准备=期末应收账款余额×坏账准备计提百分比

［例6-1］甲企业2019年年末应收账款余额为800 000元，企业根据风险特征估计坏账准备的提取比例为应收账款余额的0.4%。要求计算甲企业2019年应计提的坏账准备。

解：2019年应计提的坏账准备=800 000×0.4%=3 200（元）

2.个别认定法

这是针对每项应收款项的实际情况分别估计坏账损失的方法。例如，公司是根据应收账款的5%来计算坏账，但是有一个企业有还款困难的明显迹象，就可以对这一企业的应收账款进行个别认定法计提坏账准备。在同一会计期间内运用个别认定法的应收账款应从运用其他方法计提坏账准备的应收账款中剔除。

3.账龄分析法

这是根据应收账款账龄的长短来估计坏账损失的方法。通常而言，应收账款的账龄越长，发生坏账的可能性越大。为此，将企业的应收账款按账龄长短进行分组，分别确定不同的计提百分比估算坏账损失，使坏账损失的计算结果更符合客观情况。

采用账龄分析法计提坏账准备的计算公式如下：

当期应计提的坏账准备=$\sum$（期末各账龄组应收账款余额×各账龄组坏账准备计提百分比）

［例6-2］乙公司坏账准备核算采用账龄分析法，对未到期、逾期半年内和逾期半年以上的应收账款分别按1%、5%、10%估计坏账损失。该公司2019年12月31日有关应收款项账户的年末余额按照类似信用风险特征分为若干组合，具体情况见表6-5。

表6-5　**应收款项账户年末余额分组情况**

应收款项	欠款年限
20万元	半年内
30万元	>半年
100万元	未到期
40万元	>半年

要求计算乙公司2019年应计提的坏账准备。

解：2019年应计提的坏账准备=20×5%+30×10%+100×1%+40×10%=9（万元）

4.销货百分比法

这是根据企业销售总额的一定百分比估计坏账损失的方法。百分比按本企业以往实际发生的坏账与销售总额的关系结合生产经营与销售政策的变动情况测定。在实际工作中，企业也可以按赊销百分比估计坏账损失。

采用销货百分比法计提坏账准备的计算公式如下：

当期应计提的坏账准备=本期销售总额（或赊销额）×坏账准备计提比例

［例6-3］丙公司2019年赊销金额为20 000元，根据以往资料和经验，估计坏账损失率为1%。计算2019年应计提的坏账准备。

解：丙公司2019年应计提的坏账准备=20 000×1%=200（元）

［本章小结］

本章从企业未到期应收账款的管理、逾期应收账款的管理、应收账款收回管理及坏账管理四个方面分析了应收账款管理的内容。阐述了应收账款的概念、产生原因和影响，分析了应收账款管理的原因和意义。强调了未到期应收账款的日常管理及收账技巧、逾期应收账款的影响及追收程序，描述了企业坏账的概念、原因、影响、确认方法、处理方法及防范措施。总结与归纳了企业应收账款管理的全部过程。

［知识掌握］

1.名词解释

应收账款；应收账款管理；应收账款管理的目标；坏账

2.单项选择题

（1）应收账款是指企业因销售商品、提供劳务等（　　），应向购货客户或接受劳务客户收取的款项。

A.生产活动　　B.经营活动　　C.社会活动　　D.服务

（2）应收账款属于（　　）。

A.短期债券　　B.长期债券　　C.短期债务　　D.长期债务

（3）企业应收账款管理按业务发展流程和时间顺序，可以分为（　　）。

A.事前管理　　B.事中管理　　C.事后管理　　D.全都是

（4）企业应收账款事前管理包括（　　）。

A.采用合理的信用政策　　B.应收账款的动态跟踪管理

C.应收账款的追收　　D.建立赊销审批制度

（5）以下选项属于企业外勤提示的是（　　）。

A.信函追收　　B.电话追收　　C.电子邮件追收　　D.上门追收

3.多项选择题

（1）广义的应收账款包含（　　）。

A.销售产品款项　　B.分期应收账款　　C.应收票据　　D.其他应收款项

（2）应收账款的特点有（　　）。

A.风险性较高　　B.资金回笼较慢　　C.回收成本较高　　D.回收速度较快

（3）逾期应收账款产生的原因主要有（　　）。

A.主观性拖欠　　B.政策性拖欠　　C.客观性拖欠　　D.管理性拖欠

（4）常用的收账方法有（　　）。

A.电话收账　　B.上门收账　　C.传真收账　　D.付款通知

（5）坏账准备计提方法有（　　）。

A.账龄分析法　　B.余额百分比法　　C.销货百分比法　　D.个别认定法

4.判断题

（1）现金折扣是企业为了使客户尽早偿付货款，而在商品价格上所给予的扣减。（ ）

（2）应收账款的质量分析是根据其收账成功可能性定义的，最常见的分级是按照账龄进行的分级。（ ）

（3）逾期应收账款管理的最高目标是使其发生率低于业内企业的平均水平。（ ）

（4）诉诸法律是追账成本最高且最耗精力的方法，是追账最后的选择手段。（ ）

（5）余额百分比法是根据应收账款账龄的长短来估计坏账损失的方法。（ ）

5.思考题

（1）应收账款的产生原因是什么？

（2）应收账款管理的内容有哪些？

（3）为什么要对未到期应收账款进行管理？

（4）逾期应收账款的追收步骤是什么？

（5）企业防止坏账的措施有哪些？

[知识应用]

□ 案例分析

上海汽车股份有限公司应收账款管理

上海汽车（600104）是由上海汽车工业（集团）总公司独家发起，在上海汽车工业有限公司资产重组的基础上，以上海汽车齿轮总厂的资产为主体、采用社会募集方式设立的上海汽车股份有限公司。公司注册资本为人民币140 000万元。公司总股本增至140 000万股，其中发起人持有的国家股为98 000万股，占总股本的70%；社会公众股为42 000万股，占总股本的30%。公司经营范围主要集中在汽车、摩托车、拖拉机等各种机动车整车、总成及零部件、物业管理、国内贸易及咨询服务。主要产品是桑塔纳轿车变速箱和汽车弹簧。通过对上海汽车年报的研究，发现主要存在以下问题：

1.应收账款周转率水平较低

通过对上海汽车历年应收账款周转率的分析，可以得知，上海汽车的应收账款周转率基本处于较低的水平。而良好的应收账款管理会强化企业对未来市场的应变能力，降低流动资产的风险，同时也有利于企业制定公司策略和促进企业的良性发展。对此，上海汽车应充分提高对应收账款管理的重视程度，并在实践中较好地做到对应收账款的管理。

2.资产负债率较高

从上海汽车2008年年报可以看出，2008年，上海汽车资产总额10 785 664.9万元，负债总额为6 931 990.70万元，流动负债为5 512 036.86万元。与大多数汽车公司相比，上汽的资产负债率较高。

3.预付款较多

2008年上海汽车预付款为125.73亿元，比上一年度增加了8.13亿元，增加幅度较大。而公司的主要生产原料为钢铁，大量囤积原料，存在较大的跌价风险。

针对上述问题，上海汽车股份有限公司为完善应收账款管理，采取了以下措施：做好应收账款的基础记录工作；及时检查用户信用额度；掌握用户债务的动态变化；分析应收账款周转率和平均转账期；编制账龄分析表，检查应收账款的实际占用天数等。同时加强对应收账款的财务核算和监督管理。公司财务、营销、法务等部门要加强配合，及时沟通，财务审计部门应针对不同应收账款，按性质、账龄的不同，及时监控、及时发出预示信号，传递给有关部门和公司领导，及时对不同应收账款情况进行汇总，提出有关建议，供公司高层领导决策。各个部门要经常对应收账款情况进行分析，及时采取措施，同时对不同账龄的应收账款按《会计法》和有关财经法规及时计提坏账准备。

资料来源　尤小琪.上海汽车企业信用管理案例分析［J］.工业技术经济，2010，29（10）：56-58.

要求：请根据案例的内容，运用所学的应收账款管理相关知识，分析上海汽车的案例在应收账款管理方面对我们有什么启示。

□ 实践训练

主题：应收账款管理分析讨论

内容与提要：

（1）学生以5人为一个小组；

（2）事先选择一家企业，对其资产情况和应收账款管理方式进行调研；

（3）通过本课程所学习的内容，对该企业的应收账款及相关管理制度进行分析。

成果检验：

（1）对各组收集到的企业应收账款管理情况进行整理；

（2）各组分别选派代表将调研的企业应收账款管理情况进行分享与展示。

第7章 企业信用风险转移

［**学习目标**］

通过本章学习，你应该达到以下目标：

知识目标：

1.要求了解企业信用风险转移的概念和重要性。

2.熟悉企业信用风险转移的主要形式和工具。

技能目标：

学会运用恰当的信用风险转移工具来降低企业所面临的信用风险。

［**内容架构**］

企业信用风险转移

- 信用担保
  - 信用担保的概念
  - 信用担保的分类
  - 信用担保与风险转移
- 信用保险
  - 信用保险概述
  - 出口信用保险与风险转移
  - 我国信用保险的发展概况
- 保理
  - 保理的概念
  - 保理的业务类型
  - 保理在企业信用管理中的作用
- 债权融资
  - 债权融资的概念
  - 债权融资的方式
  - 债权融资与风险转移
- 其他企业信用风险转移手段
  - 买卖双方通过确定交易条件来实现风险的转移
  - 利用信用衍生产品来实现风险的转移

案例导入

推行信用保证基金模式　破解小微融资担保难题

台州市小微企业信用保证基金（以下简称“台州信保基金”）是我国首个地级市信保基金，是台州市委市政府积极破解小微企业融资担保难、化解互保链危机，构建与台州经济金融相契合的多元化的融资风险共担体系，探索建立“信用台州”体系的重大创新举措，也是台州市全面推进浙江省小微企业金融服务改革创新试验区建设的一项重要内容。自2014年11月24日正式运行以来，致力于有效破解小微企业“融资难、融资贵”、“担保难、担保累”、互保联保风险大等问题，提高了小微企业的融资能力，降低了小微企业的融资成本，促进了小微企业的规范化管理。截至2015年7月末，台州信保基金已累计为小微企业签发407份担保函，承保金额7.93亿元，银行实际发放贷款340笔，发放金额6.25亿元。成绩的背后，是充分借鉴我国台湾中小企业信用保证基金经验基础之上的运作机制设计。

资料来源　何德旭，张雪兰.信用保证基金模式的设计与思考——浙江省台州市小微企业信用保证基金的经验与启示［J］.商业经济与管理，2015（12）.节选。

启示：随着全球经济一体化进程和我国经济的快速发展，中小型企业面临着越来越多的挑战，发展机遇与经营风险同时增长。这一切都使得企业信用风险发生的概率与日俱增，如客户不履行合同义务、应收账款不能及时收回、大量的呆账或坏账损失、贸易和金融欺诈等种种现象层出不穷。面对这样的情形，企业必须认真分析信用风险产生的原因，及时采取恰当的企业信用风险转移工具，做好信用风险的管理与防范。

风险转移是通过合同或非合同的方式将风险转嫁给另一个人或单位的一种风险处理方式。风险转移是对风险造成的损失的转移，比如，在国际货物买卖中，具体是指原由卖方承担的货物的风险在某个时候改归买方承担。企业的信用风险转移主要的形式有：通过买卖双方确定交易条件来实现风险的转移、利用担保条件来实现风险的转移、利用第三方的有偿服务来规避风险和利用信用衍生产品来实现风险的转移。其中，具体的工具主要包括：信用担保、信用保险、保理和债权融资。

7.1　信用担保

从20世纪90年代中后期开始，融资困难就被普遍认为是影响企业（尤其是中小型企业）发展的主要障碍之一，其原因主要是企业的抗风险能力弱和交易发生后由信息不对称所造成的道德风险。企业的信用担保制度是解决这一“瓶颈”的有效方法之一。

一、信用担保的概念

信用担保是指当事人约定或者法律规定，在特定财产上设定权利或以第三方信用来确保债权人债权的实现。具体地说，信用担保是指债的担保，债是按照合同约定或者依照法律规定，在当事人之间形成的特定权利和义务关系。当债权人与债务人及其担保人签订担保协议后，债权人享有要求债务人按照约定偿还债务的权利，债务人负有按照约定如期偿还债务的义务。若债务人到期不能偿还债务，担保人负有代替债务人清偿债务的责任。因此，担保是债权人保障债权的一种手段。

第八届全国人民代表大会常务委员会第十四次会议于1995年6月30日通过《中华人民共和国担保法》（以下简称《担保法》），这是企业进行信用担保应遵循的主要法律，共七章九十六条。

二、信用担保的分类

按照《担保法》的规定，担保方式分为抵押、质押、保证、留置和定金5种。当事人在为合法的债权提供担保时，只能提供上述5种担保，而不能创设新的担保形式。在我国的担保种类中，保证方式即我们通常所讲的信用担保方式，又叫他人担保，而信用担保、信用保证、保证可以互相替换使用。根据保证人对债权人承担保证责任的性质，保证担保可分为一般保证和连带责任保证。

而所谓的“保证人”，是指具有代债务人清偿债务能力的企业法人、其他经济组织或者是自然人。经商业银行认可的具有较强代为清偿能力的、无重大债权债务纠纷的单位和个人可以作为保证人。例如，金融机构，从事符合国家法律、法规的生产经营活动的企业法人，从事经营活动的事业单位法人，其他经济组织和自然人。我国《担保法》还规定下列人员不得作为保证人：国家机关，学校、幼儿园、医院等以公益为目的的事业单位、社会团体，企业法人的分支机构、职能部门。

一般来说，信用担保可以分为以下几类：

（一）连带保证和按份保证

当一笔贷款授信或交易行为有两个或两个以上的保证人时，保证责任可以是连带的，也可以是按份的。连带保证，是指每个保证人对所有债务都必须承担保证责任，贷款人（债权人）可以向任何一个保证人或向所有保证人提出偿债请求。按份保证，是指每个保证人对借款人（债务人）一定比例的债务承担保证责任，贷款人（债权人）可以同时或先后对每个保证人提出一定比例偿债要求。

（二）限额保证和非限额保证

限额保证，是指保证人只对一定数额（既可以是累计限额，也可以是非累计限额）的债务承担保证责任，超过此限额的任何债务不属于保证范围。非限额保证，是指保证人对债务人的信贷债务或交易债务本息和直接产生于信贷债务或交易债务的孳息等其他债务都承担保证责任。

（三）定期保证和非定期保证

定期保证，是指一定期间的保证，该期间可以是具体的持续时间，也可以是从保证生效开始到保证协议或法律规定的特定时间的一段时间。其特征是保证人对一定期间内因信贷或交易发生的所有债务负保证责任。非定期保证，是指保证人对保证债务的额度做出了规定，而没有规定保证的期间。在该保证下，只要债务人偿还的债务额没有达到保证额度，则保证人继续承担责任，而不受时间的限制。

三、信用担保与风险转移

信用担保的实质是有偿使用第三方的信息来提高被担保人的信用等级，克服信贷交易中的信息障碍，以达到社会资源优化配置的目的。但是，必须要有一个专门的机构经营信用担保才能有利于经济持续发展，信用担保机构就是这种经济工具的产物。信用担保机构，是经政府批准的专门经营信用担保的机构。

具体而言，信用担保在企业信用风险转移中的作用有：

1.降低信用交易成本，促进信用交易的顺利进行

由于金融交易过程中交易主体的行为导致逆向选择与道德风险，从而提高了交易费用。有了信用担保：一是能使信用交易中的债权人在减少或转移所面临的信用风险的情况下，有效地降低信用管理的成本，提高信用交易的效率；二是通过信用担保的专业化经营，能够提升识别信用交易过程中信用风险的能力，有利于化解当事人各自承担的风险，促进信用交易的进行，这是债务人自身提供担保所无法达到的。

2.有利于金融资源的有效配置

既然信用销售是一种金融交易，那么能够使金融交易顺利且高效进行，就能有效地配置社会的金融资源，进而促进整个社会经济的发展。

其实，担保人提供信用担保的过程就是引导社会资金进行配置的过程，由于担保人的专业化运作，不仅能够弥补金融交易过程中的信用不足，促进企业的信用销售，并且信用担保的提供能够建立起社会的信用链，使金融交易的渠道更为通畅，提高全社会金融资源使用的效率。

3.有利于促进企业的发展

由于企业自身的不足，信用成为制约其发展的最为突出的问题，信用担保则是破解该问题的非常有效的手段。

建立为企业提供信用担保的专业机构，利用担保这一金融杠杆，通过为企业提供担保，解决企业授信难、担保难的问题，可以有力地促进企业的发展。

4.有助于建立和谐的市场秩序

市场经济的发展，是以信用关系的日益透明和不断扩大为基础的，没有信用就没有良好的经济秩序，因此，建立以道德为支撑、法律为保障的信用制度，是建设市场体系的必要条件，也是规范市场经济秩序的治本之策。

信用担保就是一种发展信用经济的保障，能够保证市场经济实现公平有序竞争，为发展信用交易创造良好的市场环境。信用担保给市场经济提供这样一个机制，使企业的经营活动在这一机制下能够更为有效地运行，从而使经济更为和谐与稳定。

7.2 信用保险

企业在贸易的过程中，如果买方出现拖欠、破产或无力偿付债务的情况，可以使用信用保险来进行风险的转移，以买方应收账款（买方信用）为标的，当买方出现上述情况时，由保险公司按照保单条款对被保险人进行赔偿。

一、信用保险概述

（一）信用保险的产生

信用保险是针对商品赊销方赊销商品后不能收回货款的风险而产生的一类保险险种。它最早的服务对象是国内贸易业务。19世纪中叶，法国、德国和瑞士的一些私人保险公司开办了国内信用保险业务，成为信用保险的首批经营者。第一次世界大战后，国内信用保险业得到了迅速的发展。

相比国内贸易中的信用保险，国际贸易中的信用保险出现得要晚一些。19世纪后半叶，贩运商品至澳大利亚的英国商人开创了历史上有记载的投保出口信用保险的先河。1919年，英国建立了世界上第一个官方支持的出口信用保险机构——出口信用担保局，经营出口信用保险，鼓励本国商人出口商品到信用风险较高的东欧国家。

（二）信用保险的概念

信用保险，是以在商品赊销和信用放款中的债务人的信用作为保险标的，在债务人未能如约履行债务清偿义务而使债权人遭受损失时，由保险人向被保险人即债权人提供风险保障的一种保险。而广义的信用保险还包括保证保险，因为信用保险和保证保险承保的风险都是信用风险。在保险学理论中，当权利人向保险人投保义务人的信用风险时，该保险被称为信用保险；而当义务人应权利人的要求，向保险人投保自己的信用风险时，该保险被称为保证保险。因此，信用保险与保证保险有时就合称为信用与保证保险或信用保证保险。

对应国内贸易和国际贸易，信用保险有国内信用保险和出口信用保险两大类。国内信用保险主要应用于消费领域。在消费者购买如商品房、汽车等商品时，如果要求银行或者供应商提供信贷时，银行或者供应商会要求买方购买信用保险。出口信用保险一般是由国家财政提供保险准备金的非营利性的政策性保险业务，主要是为了推动本国的出口贸易，保障出口企业的收汇安全而制定。

由于出口信用保险的业务量远远大于国内信用保险，而且国内信用保险在中国尚未运用到企业交易的信用管理当中，所以本节以介绍出口信用保险业务为主。

二、出口信用保险与风险转移

（一）出口信用保险的分类

在出口信用保险中，根据保险的不同特点，可以从几个角度对出口信用保险进行划分。

1.出运保险与合同保险

按保单责任开始的时间分为出运保险与合同保险。

其中，出运保险负责货物出运后收不到货款的损失；合同保险不仅负责出运后收不到货款的损失，还负责货物出运前因特殊原因（买方破产、单方面终止合同或发生政治事件等）无法出口而给被保险人带来的损失。

2.短期保险与中长期保险

按信用期限的长短分为短期保险与中长期保险。

短期保险承保信用期不超过一年的出口合同。中长期保险则承保信用期一年以上的出口合同。中长期保险又分为卖方信贷保险、买方信贷保险和海外投资（政治风险）保险。

3.特定方式和总括方式

按承保的方式分为特定方式承保保险和总括方式承保保险。

其中，总括方式承保要求出口企业投保其保单适用范围内的全部出口，不得仅选择其中一部分客户或一部分业务投保。与总括方式承保相对的是特定方式承保，其特点是一个合同一审查。

出口信用保险的具体流程如图7-1所示。

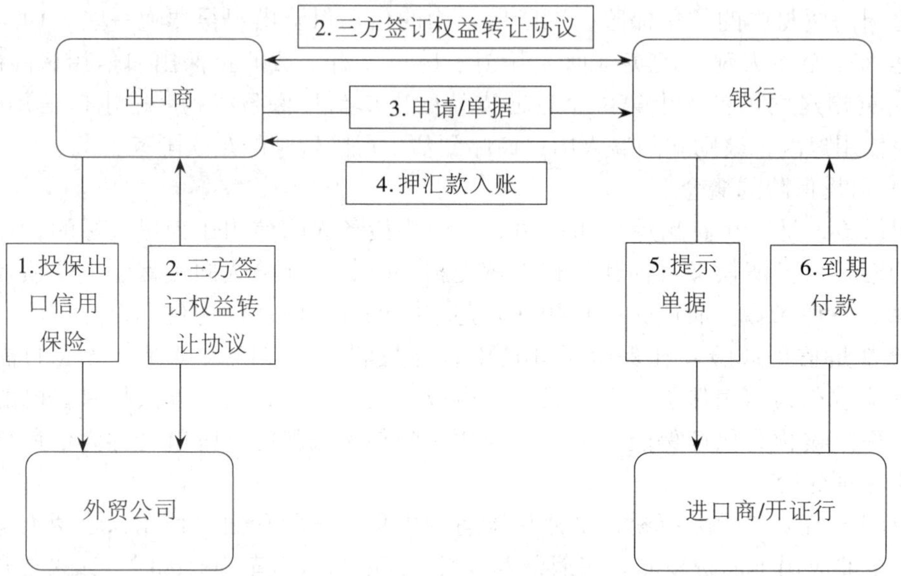

图7-1　出口信用保险流程图

（1）外贸公司向银行提交以下材料：

①出口信用保险项下融资业务申请书。

②汇款项下应提供出口合同、商业发票、正本报关单、正本或副本提单及进出口贸易合同规定的其他单据。托收和信用证项下融资应参照银行托收和出口信用证业务要求提供出口单据。

③出口批文或许可证（如需）。

④经中国出口信用保险公司核准并由其出具的以下书面材料："出口信用保险保单""信用限额审批单""保单明细表""承保情况通知书"或信保公司出具的能充分证明投保生效的其他文件。

⑤申请办理买断业务的，应提供外贸公司向保险公司出具的应收账款转让通知函，出口商业发票应打印债权转让条款。发票如未打印转让条款，应附经客户签章的"应收账款转让面函"，面函应明确应收账款债权已转让给银行及收汇汇路等内容。

⑥银行要求的其他材料。

（2）银行审批外贸公司的申请，与外贸公司签订"出口信用保险项下融资合同"，发放融资款。

（3）出口收汇后归还融资款。

（二）出口信用保险的功能及其在风险转移中的作用

(1) 出口信用保险能够有效地提升企业在国际市场上的竞争能力，促进企业出口规模的扩大。

在当前的国际贸易中，信用交易是主要的交易方式，这种交易方式对出口企业而言，信用风险的压力是可想而知的。如果企业采用信用证结算的方式，这固然可以规避风险，但企业就可能缺乏竞争能力而处于不利的地位。出口信用保险能使企业更多地采用非信用证的结算方式，使企业在贸易谈判中处于有利的地位，这为企业抓住贸易机会、争取更多客户创造了条件。

(2) 出口信用保险既能为企业的信用交易提供保障，又能为企业的出口提供融资便利。

通过出口信用保险，企业在收汇风险得到保障的同时，也解决了资金短缺的问题，尤其中长期出口项目能得到贸易融资。企业的中长期出口项目，往往具有风险高、占压资金量大的特点，如果在信用险项下获得融资，那么对出口企业组织生产和拓展出口业务是非常有利的。

(3) 有利于企业完善风险防范机制，降低企业信用风险管理成本，规避出口收汇风险。

出口信用保险充分体现政策性保险的作用，不仅可为企业防范那些靠企业自身承担不了的风险，还有利于企业以较低的成本控制信用风险。信用保险通过保险费率的优惠、融资的便利、商账追收等系统化的服务，在转移企业信用风险的同时，有效地降低了企业的风险管理成本，如果出现风险，企业能够按合同规定得到快速理赔而将损失降至最低。

三、我国信用保险的发展概况

目前，我国的信用保证保险业务主要是出口信用保险和消费贷款保证保险。出口信用保险在我国虽然已有10多年的发展历史，但多年以来承保金额只占出口总额的1%左右，而世界平均水平为12%，日本、法国、德国则分别达到了39%、21%和13%，因此，我国出口信用保险的发展还处于初始阶段。

我国信用保证保险的发展受到制约，主要原因在于存在增加保险人核保成本、提高保险代偿率的因素，导致信用保证保险的经营成本居高不下，让保险双方很难获得“双赢”的效果，因而很难有发展。这些因素主要表现在以下几个方面：一是社会信用体系缺失。由于缺乏信用制度的约束，受利益驱动，社会上违约失信一度猖獗不止。而市场上缺乏发达的信用服务中介机构，保险人难以充分获得义务人的信用信息，很难恰当评价其信用状况，对其决策构成了无法逾越的障碍。二是相关法律不健全。我国《保险法》对于信用保证保险只是在“保险公司的业务范围”中简单提及，目前没有关于信用保证保险的专门立法，更没有专门关于各类信用保证保险具体险种的法律法规；同时，涉及信用的规定散见于《民法总则》《民事诉讼法》《公司法》《票据法》《担保法》《合同法》《反不正当竞争法》《企业破产法》等法律中，迄今为止尚没有明确、可操作的与社会信用直接相关的立法，不能为约束和惩戒失信行为提供完备的法律依据。

7.3 保理

在现代贸易中，随着市场经济的不断发展，竞争日趋激烈，买方的地位不断提高，卖方为了实现商品销售、控制交易成本、加速资金周转，不得不接受对它来说看似苛刻的条件——赊销。在赊销贸易下，卖方自然希望早日实现销售收入，加快资金周转，同时也希望得到有实力和守信用的第三方担保，以转移不能收款的风险。这就是保理产生的最初原因。

一、保理的概念

保理，又称“保付代理”，是指保理商以保付代理方式为企业提供服务，从具体业务来看，保理商不仅为企业提供应收款管理，还为企业提供客户资信调查、信用担保、贸易融资等服务，因此，保理是保理商提供的一种综合性业务。

保理业务起源于19世纪中叶的北美，在当时的商务活动中，由于通信、交通、信息等各种因素的制约，企业往往需要委托中介即商业代理人来从事相关的业务，商业代理人则以收取佣金的方式，为企业提供货物仓储、产品推销、收取货款，甚至坏账担保等业务。之后，这种服务又融合了发票贴现、贸易融资等业务而发展为现代意义的保理。

保理具有灵活、便捷和有效的特点，能够满足企业在信用管理中多种实际的需要，已成为企业信用管理的一种重要工具。在西方，保理是防范贸易风险、保障债权和贸易融资的最重要的手段之一，它与信用证业务、信用保险业务并称为债权保障的“三驾马车”。

通过保理服务，企业可将应收账款很快变为现金，既不发生收账成本，也不发生利息损失，加快了资金的周转速度。但企业需要付出一定的费用或要损失一定比例的利润。

二、保理的业务类型

保理业务可以从内容和形式上进行多层面的分类，不同的分类之间还可以做适当的组合。企业在使用保理时，可以根据自身的不同需求进行多种选择。

1.双保理商保理和单保理商保理

双保理商保理是指在每一笔形成的保理业务中，同时有两家保理商参与其中，即销售商所在地的卖方保理商和购买方所在地的保理商。这种双保理商保理模式被广泛运用在国际贸易保理业务中。

双保理业务流程如图7-2所示。

单保理商保理是指在每一笔形成的保理业务中，只有一家保理商参与其中，承担从评估、融资、寄单，到追收货款、偿付货款的所有工作。单保理商保理一般只在国内保理业务中使用。由于国内保理业务没有地域差异造成的障碍，减少了工作量和资金周转环节，交换单据简便快捷，最终能以较低的保理费用成交。

2.融资保理和非融资保理

融资保理或非融资保理的选择要根据销售商的具体情况而定。如果销售商的流动资金有限，急需销售后回笼资金投入再生产，销售商可选择融资保理形式。这种保理业务中，保理商可以为销售商提供最高达货款80%的融资。

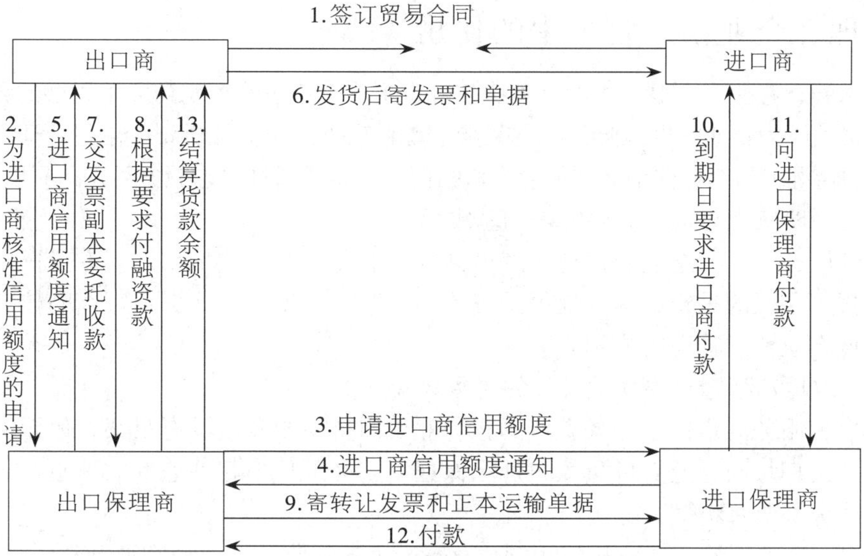

图7-2　双保理业务流程图

如果销售商的流动资金相当充裕，根本无须保理商预付货款，或者销售商可拿到比保理商融资利息更低的融资时，销售商可以选择非融资保理形式。非融资保理业务所提供的最主要服务为担保。

3.有追索权保理和无追索权保理

追索权（right of recourse）是指进行追偿的权利。其中“recourse”一词表示“追索、请求偿还”之意。

有追索权保理是指销售商将债权转让给保理商后，如果债务人拒绝付款或无力支付，保理商有权向销售商要求偿还融通资金的保理方式。无追索权保理是指销售商将债权转让给保理商后，保理商承担债务人拒绝付款或无力支付的风险，无条件向销售商支付货款的保理方式。

由于在有追索权保理业务中，出口商仅能享受融资的服务，而达不到企业要求规避风险的真实目的，因此，应出口商的强烈要求，现在各国保理商已不太采用有追索权保理的形式，而统一改用无追索权保理的形式。

对于出口商来说，不论选择哪家银行作为出口保理商，在与其签订的出口保理业务协议中，应明确要求含有“无追索权保理”字样，并配有具体注释。

4.公开保理和隐蔽保理

公开保理是指债权转让一经发生，保理商便通知债务人，请其到期直接向保理商付款的保理方式。公开保理中买方明确知道卖方在进行保理业务。隐蔽保理则恰恰相反，买方不知道卖方在进行保理业务。

国际保理大多采用公开保理方式。出口商选择隐蔽保理的方式，主要出于保持买卖双方良好合作关系的目的。这时，隐蔽保理的业务与出口信用保险相近。

5.批量保理和逐笔保理

批量保理是指根据出口商与保理商签订的保理合同，保理商向进口商提供关于全部销售或某一系列销售活动的保理服务的方式。

逐笔保理是指销售商把业务项目一笔一笔地向保理商要求提供保理服务的保理方式。

三、保理在企业信用管理中的作用

通过保理，企业可在很大程度上解决在赊销项下企业风险控制与业务发展的矛盾，保理既可在赊销项下为企业提供风险保障，又能在赊销项下为企业提供资金融通，还可在不提供抵押质押的情况下为企业核定信用额度。概括而言，企业通过保理服务可以达到以下的目的：

1.通过保理商能为企业提供客户的基本信息

在保理服务项下，这主要体现在保理商为企业保理额度的核定。与专业资信调查机构提供信用报告不同的是，保理商提供的资信调查服务表现在企业保理额度的核定，这显然有利于降低企业信用管理的成本。

2.能有效地转移客户到期不付款的财务风险

根据保理服务的承诺，如果企业的客户对信用交易的条款没有争议，但无法按照合同规定的付款到期日向企业支付货款，那么保理商就必须承担客户违约的风险。

3.能够从保理商获得贸易融资

因结算方式的不同，企业的信用销售存在较大的风险，企业通常很难从银行获得融资。在这种情况下，企业可通过保理商的保理融资，或将应收账款转让给保理商的方式获得融资。

4.通过保理服务对应收账款进行管理

作为企业的流动资产，应收账款相对其他资产而言具有一定的风险性，通过保理，企业就可以控制收账风险。保理商具备丰富的财务管理经验，同时还拥有包括法律、市场营销、商账追收方面的专业化人员，因此能为企业提供全方位的应收账款管理方面的服务。

7.4 债权融资

债权融资和股权融资是当下比较常见的两种融资手段。不同的企业要选择适合自己的融资方式，才能使企业顺利完成有效的融资。本节主要讲述债权融资。

一、债权融资的概念

债权融资，也就是债券融资，是指企业通过举债的方式进行融资。债权融资所获得的资金，企业首先要承担资金的利息，另外在借款到期后要向债权人偿还资金的本金。

二、债权融资的方式

目前，国内债权融资的主要形式比较单一，主要有银行信用和项目融资两种。银行仍然是最主要的来源，这也是中国企业融资难的一个主要的根源。而大量的债权融资需求是通过多种其他金融工具来满足，有的甚至需要结合项目的风险收益特征及其结构，通过各种金融工具的组合来实现的。

一般来说，债权融资主要包括以下几种模式：

1.国内银行贷款

银行贷款是指银行以一定的利率将资金贷放给资金需求者，并约定期限归还的一种经济行为。在很多国家，银行贷款在企业融资总额中所占的比重都是最高的。企业对融资的需求不同，对融资渠道的选择就不同。如果需要一种风险小、成本低的资金，银行贷款是最合适的。建立良好的银企关系，合理利用银行贷款，是中小企业解决资金困难并取得经营成功的重要手段。

2.国外银行贷款

国外银行贷款，也就是由外资银行向企业提供的贷款。在我国加入的世界贸易组织协议中，对于银行业的开放是逐步推进的。目前，我国金融监管当局已经取消了中资企业向外资银行申贷的审批，取消了对外资金融机构外汇业务对象的限制。这意味着以前只有对三资企业、港澳台和外国人提供外汇业务的外资银行，可以把外汇业务服务对象扩大到中国境内所有单位和个人。由于现获准在华经营的都是世界著名并在全球拥有广泛分支机构且与同业签有协议的大银行，通过这些银行办理外汇业务，不仅可以节省时间，而且节省了资金在途的利息，还可以免去因中外银行间的中转而额外支付的手续费。在不久的将来，外资银行、中资银行、合资银行可以在完全相同的领域和条件下，向所有的中国企业和居民提供全方位的服务。外资银行开展的外汇和人民币业务为中小企业间接融资开辟了新的渠道，可以为中小企业发展提供及时的资金支持。

3.发行债券融资

债券是企业直接向社会筹措资金时，向投资者发行，承诺按既定利率支付利息并按约定条件偿还本金的债务凭证。债券的本质是债的证明书，具有法律效力。债券购买者与发行者之间是一种债权债务关系，债券发行人即债务人，投资者（或债券持有人）即债权人。《公司法》规定，股份有限公司、国有独资公司和两个以上的国有企业或者两个以上的国有独资主体投资设立的有限责任公司，为了筹集生产经营资金，可以发行公司债券。

4.民间借贷融资

民间借贷是指自然人之间或自然人与法人、其他组织之间的借贷关系。在我国，民间借贷活动一直游离于现行金融体制之外，处于地下状态。民间借贷多发生在经济较发达、市场化程度较高的地区，例如我国广东、江浙地区。这些地区经济活跃，资金流动性强，资金需求量大。市场存在现实需求决定了民间借贷的长期存在并且业务兴旺。这种需求表现为：一方面，国有商业银行对中小企业普遍存在一定程度的“忽视”，中小企业出于自身生存和发展的要求，迫切需要资金支持，但在正规融资渠道又受到长期排斥。另一方面，民间又确有大量的游资找不到好的投资渠道。正是这样的资金供求关系催生了民间借贷，并使之愈演愈烈。

5.信用担保融资

信用担保作为一种特殊的中介活动，介于商业银行与企业之间，它是一种信誉证明和资产责任保证结合在一起的中介服务活动。担保人提供担保，来提高被担保人的资信等级。另外，由于担保人是被担保人潜在的债权人和资产所有人，因此，担保人有权对被担保人的生产经营活动进行监督，甚至参与其经营管理活动。

6.融资租赁

融资租赁是指实质上转移与资产所有权有关的全部或绝大部分风险和报酬的租赁。资产的所有权最终可以转移，也可以不转移。融资租赁和传统租赁一个本质的区别就是：传统租赁以承租人租赁使用物件的时间计算租金，而融资租赁以承租人占用融资成本的时间计算租金。

三、债权融资与风险转移

债权融资在企业信用风险转移中的作用主要体现在债券融资的特点及优势。

债权融资的特点主要体现在：

（1）获得的只是资金的使用权而不是所有权，负债资金的使用是有成本的，企业必须支付利息，并且债务到期时须归还本金。

（2）能够提高企业所有权资金的资金回报率，具有财务杠杆作用。

（3）与股权融资相比，除了在一些特定的情况下可能带来债权人对企业的控制和干预问题，一般不会产生对企业的控制权问题。

债权融资的优势主要体现在：

（1）银行具有信息收集的优势。银行有条件、有能力自己收集分析企业投资、经营、分配、收益的状况，同时能在一个比较长的期间考察和监督企业，有助于防止“道德风险”的出现。

（2）银行具有信息分析研究的规模经济特点。一方面，银行收集同样的信息具有规模经济作用；另一方面，分析大量信息本身也具有规模经济效益。

（3）在长期“专业化”的融资活动中，金融机构发展了一套专业的技能。

（4）银行对企业的控制是一种相机的控制。

债权融资的作用在于：当企业能够清偿债务时，控制权就掌握在企业手中，如果企业还不起债，控制权就转移到银行手中。

7.5　其他企业信用风险转移手段

以上4种是比较常见的企业信用转移的工具，即利用担保条件或第三方有偿服务来规避风险。除此之外，还有许多其他的企业信用风险转移手段。

一、买卖双方通过确定交易条件来实现风险的转移

在交易条件从现金方式向完全的信用方式的过渡中，信用风险也随之从买方向卖方转移。然而，除了现金交易条件以外，其他交易条件都不能完全将信用风险转移，它只是将风险的砝码在买卖双方之间移动，当风险倾向于一方时，交易条件就会对另一方更有利些。具体实践中的交易方式可以概括为3种，风险在不同的交易方式下有着不同的动向。

1.钱货两清的交易方式

钱货两清也就是俗称的“一手交钱，一手交货”，这种交易条件对于双方来讲都比较放心。发货前付现、货到付款是常用的现金交易方式，它保证了买卖双方可以做到即时的钱货两清。

但是任何交易方式也不都是绝对无风险的，例如在货到付款条件下，虽然在买方付款前货物仍控制在运输人手中，但如果货到目的地，买方不能立即支付或根本无能力支付，卖方不得不承担一些运输损失，增加额外费用。但从整体上看，在钱货两清的情况下，风险对于双方是均衡的，相对于其他方式最安全。

2.提前付款

提前付款是卖方要求客户在订货时提前支付货款，这可能是行业的惯例或者是由于卖

方处于有利地位造成的。由于在没有拿到货的情况下就已经将货款付出，风险的砝码自然偏向了买方。预付货款、预付现金是典型的提前付款的方式。显然，提前付款这种方式将风险转移到了买方一面。

3. 信用交易

与提前付款相对，当买方处于有利地位时，通常会选择信用交易的方式，即卖方在未收到全额货款的情况下将货物交给买方。在信用交易中，卖方会给买方长短不一的赊销期，时间越长卖方的风险越大。

二、利用信用衍生产品来实现风险的转移

信用衍生产品是转移信用风险更为便捷的手段。企业利用特定的金融工具，将信用资产的收益和风险转移给其他企业或个人，用以分散信用风险对企业生产经营活动的影响。进行信用风险转移，需要创设新的金融产品，必须有一个良好的金融市场环境，市场本身具有良好的抗风险能力，而且相关的法律、法规鼓励市场创新。

企业常见的信用风险转移方法主要有创设金融资产、信用违约互换等。

（一）创设金融资产

创设金融资产，是通过创立以企业债权为主体的金融资产，利用金融资产的流动性转移信用风险的一种信用风险管理手段，适合于那些规模大、信用记录良好、资金实力比较强的大型企业。

金融资产的创设手段包括将债权资产证券化以及将企业的债权资产进行抵押、出售或委托代为保管等形式，通过向投资者转让流动性强的资产，与投资者共同承担收益和风险。目前，资产证券化是我国商业银行的一个发展趋势，它要求一个合理的贷款发起过程，这更有利于企业拥有高质量的资源。但是，由于目前我国的资本市场还不够完善，该方面的金融创新产品还不够丰富，但随着金融工具的不断创新，企业可以利用的转移信用风险的工具也会越来越多。

（二）信用违约互换

信用违约互换，是以特定的信用事件为参照，由债权资产的所有方支付一定的费用，向信用风险的保护方购买信用风险保护的一种信用风险转移手段。

信用违约互换类似于债权企业为自己的债权实现购买保险。如果在特定的时间内，企业的债权资产发生了约定的信用事件，则由信用风险的保护方向债权资产的所有者支付相应的款项，以减少被保护方所受到的损失；如果在规定的时间内所约定的信用事件没有发生，则信用风险的保护方无须支付任何款项。

[本章小结]

本章分析了企业常见的4种信用风险转移的工具。详细阐述了信用担保、信用保险、保理和债权融资4种信用风险转移工具的概念、发展情况和在风险转移中的作用。同时，简单阐述了其他企业信用风险转移的手段。强调了企业在面对信用风险时要采取风险转移手段的必要性和重要性。同时，还强调了企业要学会选择适合自身的风险转移工具。

[知识掌握]

1.名词解释

风险转移；信用保险；信用担保；保理；债权融资

2.单项选择题

(1) 信用保险是由（　　）向保险人投保的一种保险。

A.权利人　B.债务人　C.保险人　D.中介人

(2) 销售商将债权转让给保理商后，保理商承担债务人拒绝付款或无力支付的风险，无条件向销售商支付货款的保理方式是（　　）。

A.有追索权保理　B.公开保理　C.无追索权保理　D.隐蔽保理

(3) 出口信用保险责任的最后承担者是（　　）。

A.政府　B.企业　C.工业协会　D.商会

(4) 以下关于定期和非定期保证的说法正确的是（　　）。

A.非定期保证对保证债务额度和保证时间均无规定

B.定期保证的时间是具体的持续时间，非定期保证对保证的期间无规定

C.定期保证和非定期保证的保证人均对债务人所有的债务负保证责任，且不受时间限制

D.以上说法均不正确

(5) 以下4种融资方式中，不属于债权融资的是（　　）。

A.长期贷款　B.短期贷款　C.租赁　D.内部融资

3.多项选择题

(1) 下列不能成为保证人的主体有（　　）。

A.国家机关　B.学校、医院等公益性事业单位

C.企业职能部门　D.银行等金融机构

(2) 根据我国《担保法》的规定，依据保证责任的不同，保证方式可以分为（　　）。

A.一般保证　B.赔偿责任保证　C.连带责任保证　D.代偿责任保证

(3) 保理的作用有（　　）。

A.能有效地转移客户到期不付款的财务风险

B.能够从保理商获得贸易融资

C.通过保理服务对应收账款进行管理

D.降低企业信用管理的成本

(4) 信用保险的合同当事人是（　　）。

A.权利人　B.保险人　C.债务人　D.中介人

(5) 我国《担保法》规定的担保方式包括下列的（　　）。

A.保证　B.抵押　C.押金　D.质押

4.判断题

(1) 出口信用保险属于营利性的保险业务。（　　）

(2) 企业在进行信用风险转移时只能使用单一的风险转移手段。（　　）

(3) 目前的国际贸易保理业务中，被广泛采用的是双保理。（　　）

(4) 债权融资和股权融资是同一种融资方式。（　　）

（5）具有代为清偿能力的法人，其他组织或者公民可以作保证人。 （ ）

5.思考题

（1）信用担保在企业信用风险转移中有什么作用？

（2）保理主要有哪些业务类型？

（3）债权融资在企业信用风险转移中有哪些优势？

［知识应用］

☐ 案例分析

2004年岁末，一场发生在美国的诉讼把人们的目光集中到我国最大的彩电厂家四川长虹。在长达两年的沉默之后，长虹与美国代理商APEX Digital（以下称APEX）决裂，终于开始了追收40亿元人民币应收账款的法律行动。而APEX正是在过去3年中为长虹带来巨额出口、曾经亲密无间的合作伙伴。40亿这个数字，相当于长虹对APEX全部销售收入的40%！

通过对长虹近几年的年报分析可以发现，2001年APEX第一次出现在长虹的应收账款前五名名单中，并列于榜首。而公司当年的主营业务收入比前一年下降了11.14%，出口收入增长了10.89倍，由此可见，2001年的产品出口成为公司生存发展的关键。但出口的大幅增长并没有得到现金流的支持，当年公司应收账款余额增长58.27%，而前一年是下降27.23%，由此可见，出口的增长带来的是财务压力的增大。此外，公司应收账款前五名的应收金额占应收账款总额的比例大幅上升，显示公司应收账款风险有集中的趋势。而APEX的欠款也逐年增长，欠款账龄也有延长的趋势，这都预示着长虹海外货款回收的状况越来越不乐观。2003年业界就曝出“长虹遭诈骗”的风波。当时长虹及APEX双方同声否认，但危机终于掩无可掩地在2004年年末爆发。APEX一如既往否认所有有关“诈骗”的指控，但是长虹此番终于把自己放到了受害者的位置上。是否会有诈骗指控，尚待司法当局认定，而对于长虹来说，40亿元人民币的教训已成事实。然而，“长虹事件”并不是一个被海外代理商欺诈的简单个案。实际上，常有中国企业为了在海外拓展而进行低价销售或者甘冒赊账风险，导致了严重的不良后果。

要求：请根据案例的内容，运用所学的信用管理相关知识，分析长虹事件得到的教训。如何避免类似的情况发生？

☐ 实践训练

主题：企业信用风险转移研讨会

内容与提要：

（1）学生以5人为一个小组；

（2）会前对数家不同行业的小微企业进行调研，每两组调研同一家企业；

（3）通过本课程所学习的内容，分组对所调研的企业进行分析，分析其面临信用风险时，如何使用企业信用风险转移手段进行转移，调研同一企业的两小组进行对比分析。

成果检验：

（1）召开企业信用风险转移研讨会；

（2）各组分别将调研的企业信用风险转移的手段在研讨会上进行分享与展示；

（3）指出不同行业的企业在面临风险时采取的企业信用风险转移手段和工具上的区别，并进行对比研讨。

第8章 企业信用信息管理与大数据分析

[**学习目标**]

通过本章学习，你应该达到以下目标：

知识目标：

1. 理解征信数据库的概念与功能，征信数据库与信用信息管理系统的关系。
2. 熟悉企业信用信息管理的条件。
3. 了解大数据的概念及特征。

技能目标：

学会应用大数据管理企业信用信息。

[内容架构]

企业信用信息管理与大数据分析

- 企业信用信息管理与大数据概述
  - 企业信用信息管理概述
  - 大数据的概念与特征
- 大数据在企业信用管理中的应用
  - 目标企业的检索与信用分析
  - 海内外客户源的挖掘与拓展

案例导入

成都市企业信用信息系统实施案例

成都市企业信用信息系统是以成都市市场监督管理局为核心，在质监、卫生、税务等相关政府机构和职能部门的大力协助和配合下，充分利用各单位现有的信息系统和数据资源构建的一套全新的企业信用信息系统。成都市企业信用信息系统，是市场监管等企业信用管理部门向社会征信和公示全市各类企业信用信息，认真履行职责、创新监管方式、建立长效监管机制、提升企业信用、打造“诚信社会”、建设“信用成都”的有力举措。

系统建设前，成都市所有企业信用评定、审核等相关的工作和信用数据信息，分散在市场监管、质监、卫生、税务等相关政府机构和职能部门的内部系统之中。各个单位只有自己对相关企业的信用评定和考核信息，这些信用数据存放过于分散，不能共享，信息不畅，导致各个政府职能部门在考核企业信用资质时缺乏及时、有效的协调作业和管理，这些都为企业及其信用监管带来了很多不便，影响和制约了经济和社会的发展。

基于信息和数据共享，企业信用集中、统一管理等各方面的考虑，成都市市场监管部门作为成都市企业信用信息系统的牵头单位，联合成都市质监、卫生、税务等18家相关政府机构和职能部门，以东方通科技的Tong NKQ消息中间件和Tong Integrator企业应用集成中间件平台产品为核心，构建统一的数据交换平台系统，以支撑整个成都企业信用信息系统，实现了企业诚信数据信息的共享和交换。

资料来源 佚名.东方通中间件构建成都市企业信用信息系统［EB/OL］.［2019-12-21］. http://www.soft6.com/news/201009/03/220539.html.

启示：随着全球经济一体化进程和我国经济的快速发展，建立完善的信用体系，是和国际接轨以及有效防范各类风险的重要保障。信用是经济全球化条件下所有经济活动必备的“通行证”，是市场经济体系的基石。建立完善的市场经济运行机制，大力培育“信用政府”“信用企业”“信用个人”，特别是建立企业诚信体系，对于促进社会文明和经济发展，具有十分重要的战略意义。这体现了信用信息管理的重要性和必要性，同时，互联网技术和大数据分析，更为信用信息管理提供了条件。

中小企业是我国国民经济的重要组成部分，运用信息科学、信息管理学、信息经济学，根据我国实际国情，对中小企业信用信息管理进行研究，并采用相应的方法建立一种科学的中小企业信用分析管理系统，对解决中小企业出现的各种实际问题，具有非常重要的理论和现实意义。近几年，大数据浪潮快速席卷全球，数据成为企业重要的生产要素和战略资产，拥有大数据资产的企业将在竞争中占有优势，大数据时代的到来带来了征信业的大变革。

8.1 企业信用信息管理与大数据概述

一、企业信用信息管理概述

信用信息是反映市场上各类信用主体经济状况、履约能力、商业信誉等信用状况的信息，以及对判断信用主体信用价值和水平可能有影响的其他信息。根据信用主体的不同，信用信息可以分为企业信用信息和个人信用信息。

为了对信用信息进行管理，我们可以使用信用信息管理系统。管理信息系统（MIS）是一个以人为主导，利用计算机硬件、软件、网络通信设备以及其他办公设备，进行信息的收集、传输、加工、储存、更新、拓展和维护的系统。管理信息系统由信息的采集、信息的传递、信息的储存、信息的加工、信息的维护和信息的使用六个方面组成。完善的管理信息系统具有以下四个标准：确定的信息需求、信息的可采集与可加工、可以通过程序为管理人员提供信息、可以对信息进行管理。其中，征信数据库是信用信息管理系统的重要组成部分。

（一）企业信用信息管理的基本原则与目标

信用信息管理系统主要由信息征集分系统、信用评价分系统、信用信息服务分系统、信用检索分系统四个部分组成。征信数据库是信用信息管理系统的重要组成部分和核心内容。专业化的、独立的第三方征信机构借助于为企业、个人等建立的信用档案和基础数据库，依法征集、整合、交换、使用、管理和报告不同社会主体的信用信息，并建立各类信息主体可实时更新的、动态的信用档案，依法对外提供企业信用报告和个人信用报告，以及相应的延伸服务。对于企业的信用管理部门，信用信息是指用于评估客户信用价值的信息。判断一项信息是否属于信用信息的基本原则如下：

1.从应用角度解读

信用信息是可以用于评价信用主体的信用状况和信用水平的信息，与信用无关的信息都不能称为信用信息。例如，个人的宗教信仰信息虽然是反映个人特征的信息，但是它与判断个人的信用价值无直接关系，所以不是信用信息。

2.从法律角度解读

信用信息的采集、使用、传播都受相关法律法规的制约，如果一项信息对于判断信用主体的信用价值有贡献，但采集和传播这项信息却违反了相关法律法规，例如，采集到的企业信息涉及泄露国家秘密，违反了《中华人民共和国保守国家秘密法》，这样的信息就不属于信用信息。

中小企业信用信息主要包括中小企业素质信息、中小企业资金信用信息、中小企业经营管理信息、中小企业经济效益信息与中小企业发展前景信息五大类。对这些信用信息进行数据加工是建立中小企业信用信息数据库的关键环节，它对收集来的信息进行去伪存真、去粗取精，以提高中小企业信用信息数据库的质量，其中数据校验就是检验所记录的数据是否正确，数据分类就是将数据按使用目的加以分类，并运用各种分析工具和分析技术对数据进行有效分析。中小企业信用信息存储是指信息经收集加工后，数据库的体系结构分为内部级、概念级、外部级，并建立中小企业信用信息库的过程，从而为决策服务。中小企业信用信息服务是企业信用信息管理的重要组成部分，是向用户提供中小企业信用信息的过程，中小企业信用报告是企业信用信息数据库最基本的产品，目前许多中小企业尚缺乏信用信息管理制度，不能提供有关中小企业信用的信用报告。

企业信用信息不掺杂主观意志和个人情感，其收集机制表现为提供企业信用信息的组织机构或个人的权威性，信息源提供信息的时间、更新或修改信息的最新时间等，总的来说，要实现统计数字、数据的准确可靠性，以及企业信用信息内容的完整性。

要建立实时信用报告查询系统，使企业信用信息源分布广泛，信用信息网站就要更新快、时效性强。低成本、高效率运营是当今中小企业信用信息管理的共同目标，其信息共享促进了信用资源的优化配置。通过信息共享，保证信用状况好的企业能够获得更多的选择机会，并形成对失信中小企业的约束和惩罚机制。企业信用信息的共享模式包括市场模式、银行模式、政府模式。信息系统的建设是一项庞大而复杂的工程，在中小企业信用信息系统中，在前置机上安装用于数据采集的数据库，通过工作人员的设置，专门用来存放系统整合的数据，并使信用中心数据库成为中小企业信用系统的核心，从而能够更好地为企业提供深层次信息挖掘服务。

（二）企业信用信息管理的条件

1.客户大数据库的建立

征信数据库是信用信息管理系统的重要组成部分，征信机构为社会各类信用主体建立信用档案和基础数据库等资源，依法对资源进行征集、整合、使用和管理，并对外提供相关信用报告及相应的延伸服务。

企业征信数据库是针对企业相关信息建立起来的资源库，包括基本信息数据库、企业信用（付款）记录数据库、坏账数据库（黑名单）、往来票据拒付数据库等。最具代表性的企业征信数据库是美国邓白氏公司，其全球商业数据库覆盖了超过1亿条企业信息，并通过邓白氏特有的DUNSRight流程，对每天收集的原始数据进行编辑及核实以保证其质量。邓白氏及其全球领先的商业信息提供商组成了一个强大的联盟：邓白氏全球网络，客户可以通过这个网络进入全世界最大、最优质的商业信息数据库。

在我国，中国企业信息数据库的前身是始建于1997年的“银行信贷登记咨询系统”。截至2016年年末，中国企业信息数据库已收录9.1亿条自然人信息、2 210万户企业及其他组织信息，并采集非金融信用信息50.6亿条。截至2017年年末，中国企业信息数据库已收录9.5亿自然人和2 510万户企业和其他组织的信贷信息，共接受查询全国企业征信报告8 014万次、个人征信报告13.7亿次。截至2019年8月末，中国企业信息数据库累计收录信贷信息33亿多条、公共信息65亿多条，为2 542万户企业和其他组织、9.7亿自然人建立统一的信用档案；接入各类法人放贷机构3 900多家，日均查询企业信用报告29万余次、个人信用报告477万余次。2012—2019年中国企业信息数据库客户情况如图8-1所示。

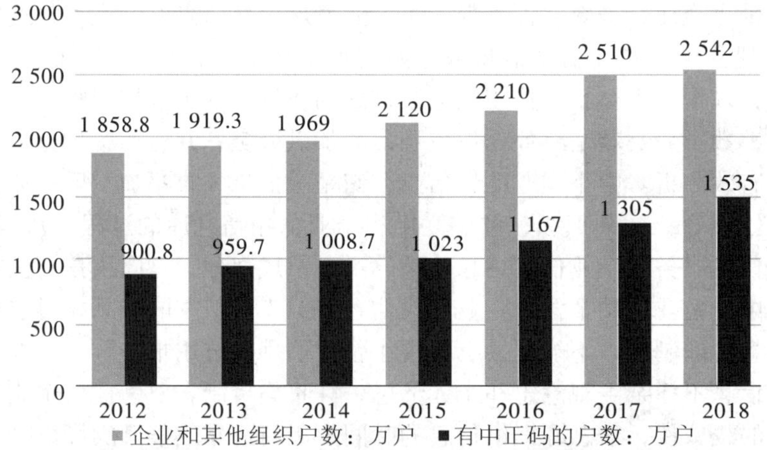

图8-1 2012—2019年中国企业信息数据库客户情况

数据来源 智研咨询集团.2020—2026年中国征信行业发展现状调研及市场前景趋势报告［EB/OL］.［2019-12-27］. http://www.chyxx.com/research/201909/786326.html.

全面、准确的信用数据是建设社会信用体系的基本要素。一国经济的突飞猛进和互联网的发展催生了海量的信用数据，要形成更加客观的信用评价体系、建设完善的社会信用体系，征信数据库的有效建立与适时完善是十分必要且重要的，也为企业信用信息管理提供了条件。客户大数据库的建立可以：

（1）依法提供征信服务。征信机构通过依法对征信数据进行收集、整理和加工，形成各信用主体的信用报告、信用评分等资源，从而为各类授信主体提供征信服务，便于各类业务的顺利展开。

（2）建立失信惩戒机制。失信惩戒机制是信用市场各授信主体共同参与，以征信数据库为依据，通过信用记录和信用信息的公开，来降低市场交易中信息不对称程度，约束社会各经济主体信用行为的社会机制，是信用管理体系中的重要组成部分。通过失信惩戒机制，以经济手段和道德谴责手段，可惩罚市场经济活动中的失信者，将有严重经济失信行为的企业和个人从市场的主流中剔除。

（3）形成守信激励。征信数据库可以反映企业和个人的信用状况。守信用的企事业单位和个人在数据库中将保持良好的信用记录，从而帮助其树立良好的社会形象，增加其市场交易中的无形资产，并由此使其得到更多的商业机会。

2. 互联网技术的支持

互联网技术时代的到来，为建立企业信用信息管理系统提供了技术支持。互联网金融的业务一般都在线上完成，从申请到完成最快可能只需要几分钟的时间，而传统的征信流程时间长、进展效率低、业务覆盖面窄，已经无法满足越来越多的业务需求。大数据技术的发展，使收集到的一切可行数据都成为信用分析的基础，为互联网金融征信体系的建设指引了新的方向。

（1）依托互联网，覆盖范围大。在互联网上，只要个体有登记注册，开立银行账户，进行纳税，甚至有社交等活动，便能用网络的痕迹，采取数据的深层挖掘与有效分析，同样也可能获得有价值的信用信息，这使征信人群辐射范围愈加扩大。

（2）获取广谱数据源，多方渗透。传统征信体系主要使用传统结构化数据，其主要来源为借贷范畴，而大数据征信体系不限于目前的形式，除了现金流等财务数据外，根据互联网的活动痕迹，还可获知客户的交易行为、社会关系等半结构化的数据。通过对这些半结构化数据甚至非结构化数据进行不同维度、不同层次的挖掘与分析，可以得到关于人心理、行为、性格等根本性的有价值的数据源，使之成为新数据的来源之一，继而纳入征信体系。由此可见，大数据提供的广泛而复杂的信息源对征信业务的信用评估渗透力与影响力十分强大。

（3）横向时间展开，实现数据实时性。离线的事后分析数据，让传统征信评价模式陷入了数据少、时效差的泥潭。在“互联网+”金融时代，只关注、分析考察对象历史信息早已不够。取代传统征信的精确性大数据把重点转移至数据相关性方面。依靠大数据所具备的存量和热数据的典型特征，数据已成为一种在线实时更新的状态。在大数据征信的分析对象中，不仅包括考察目标的历史记录，还在时间的横向维度上加入当前信息。当数据的纵向挖掘与横向扩宽相结合时，信用评价的处理速度与决策效率将更加高效。

二、大数据的概念与特征

随着计算机技术和互联网的发展，大量的音频、图片、视频等结构化数据和半结构化数据不断涌现，传统的数据处理技术已经难以应对，因此大数据的概念应运而生。随着大数据技术的成熟，大数据已经广泛应用于商业、通信、医疗、金融等领域，给各行各业带来了巨大的价值。近几年，大数据浪潮迅速席卷全球，大数据成为企业重要的生产要素和战略资产，拥有大数据资产的企业将在竞争中占有优势。金融业本身就是基于数据与信息的产业，作为现代经济的核心，嗅觉敏锐的金融行业正在积极拥抱大数据技术。大数据金融相对于传统金融有着无可比拟的优势，引起了金融行业广泛而深远的变革，包括银行业、保险业、证券业、征信业及互联网金融。

（一）大数据的概念

在互联网中，大数据无处不在。无论是漫无目的地浏览网页、观看视频，还是发微博、聊微信，以及有目的性的搜索，每个用户都会产生数据，这些分散的数据汇集到网络中形成数据流，并最终聚集到网络服务提供商，形成大数据。

按照麦肯锡的定义，大数据是指无法在一定时间内用传统数据库软件工具对其内容进行抓取、管理和处理的数据集合。根据维基百科的定义，大数据又称巨量数据、海量数据、大资料，是指所涉及的数据量规模巨大到无法通过人工在合理时间内截取管理、处理并整理成为人类所能解读的信息。国际数据公司将大数据定义为更经济地从高频率的、大容量的、不同结构和类型的数据中获取价值而设计的新一代架构和技术。

（二）大数据的特征

大数据具有5个特征：大体量（Volume）、多样性（Variety）、时效性（Velocity）、准确性（Veracity）、价值性（Value），如图8-2所示。

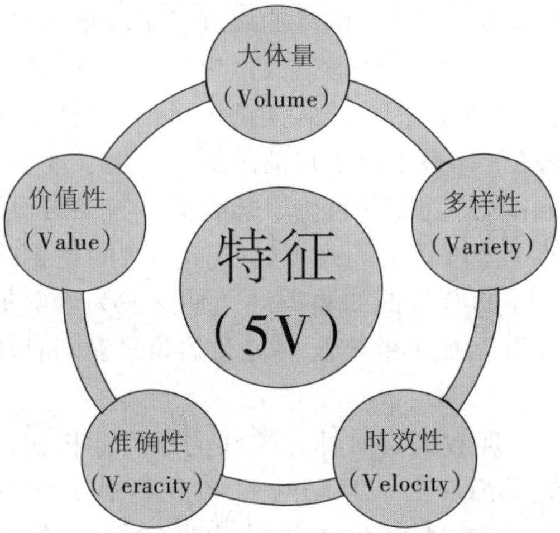

图8-2 大数据的特征

1.大体量

大体量，即数据量大，是大数据的基本属性。大数据一般是指10TB（1TB=1 024GB）规模以上的数据量，甚至可从数百TB到数十数百PB、EB的规模。中国人民银行企业和个人征信系统收录了400多万企业和3亿多个人的信贷记录，数据量以TB计；美国金融监管局的投资者交易记录数据库，每天提取的交易记录达200亿条以上，并能够按日、月、年等频次进行数据分析，以监测异常交易情况。而运用云技术的大数据征信的数据处理单位达到了PB。产生如此巨大的数据量，一是各种传感器的使用，让我们能够感知并量化更多的物理量；二是互联网通信技术的提升，使网络交流的数据量呈指数级增加。与此同时，随着电子产业的不断发展，数据存储的成本急速降低，这也是促进全球数据量增长的主要原因。

2.多样性

数据类型多样化是大数据的第二大特点。大数据包括各种格式和形态的数据。传统的数据大多是以二维表的形式存储在数据库中的文本类结构化数据。随着互联网的发展和传感器种类的增多，诸如网页、图片、音频、视频、微博类的未加工的半结构化和非结构化数据越来越多，以数量激增、类型繁多的非结构化数据为主。非结构化数据相对于结构化数据而言更加复杂，数据存储和处理的难度增大。目前，我国商业银行业务发展相关数据类型已从结构化数据扩展到非结构化数据。

3.时效性

大数据的时效性是指在数据量特别大的情况下，能够在一定的时间和范围内得到及时处理，这是大数据区别于传统数据挖掘最显著的特征。大数据的流动速度快，当处理的数据从TB增加至PB时，超大规模的数据快速变化，使用传统的软件工具将难以处理。只有对大数据做到实时创建、实时存储、实时处理和实时分析，才能及时有效地获得高价值的信息。

4.准确性

大数据的准确性是指保证处理的结果具有一定的准确性。结果的准确性涉及数据的可信度、偏差、噪声、异常等质量问题，原始数据的输入错误、缺失以及数据预处理系统的失效等会导致数据的不准确，进而分析得出一些错误的结论。因此，保证正确的数据格式对大数据分析十分重要。

5.价值性

大数据的价值性是指大数据包含很多深度的价值，对大数据的分析挖掘和利用将产生巨大的商业价值。数据量呈指数增长的同时，隐藏在海量数据中的有用信息却没有相应比例增长；相反，价值密度的高低常常与数据总量的大小成反比。这样反而使我们获取有用信息的难度加大。以商业银行监控视频为例，连续数小时的监控过程中可能有用的数据仅有几秒钟。

人类社会正迈向崭新的数字化时代，存储信息量快速增长，计算机数据处理能力也在大幅提升。过去不可计量、存储、分析和共享的很多东西都被数据化了，数据成为一项重要的商业资本，被用来激发产品和服务的创新，进而创造新的经济利益。各行各业的业务触角都延伸至大数据产业，大数据被应用于经济、金融、电商等各个领域。目前，从全球情况看，大数据分布的行业主要集中在金融、气象、医疗、交通、电信、信息、电力、电网、石油、自动化、电信设备等。在互联网领域，大数据的使用尤为普遍，如电子政务、电子商务、社交网络、信息收集等方面。

根据国际数据公司的研究，2008年全球产生的数据量为0.49ZB；2009年为0.8ZB；2010年增长至1.2ZB；2011年更是高达1.82ZB，相当于全球每人产生了200GB以上的数据。预计2020年将达到35.2ZB。根据《2017中国大数据发展报告》，我国大数据发展总体处于起步阶段，北京、广东、上海的大数据发展总指数位居前三，资本和产业是当前地方大数据发展的突出短板，人才短缺问题尤为突出，见表8-1。我国的大数据行业主要集中在互联网、通信、金融、公共部门等，大数据已经开始比较广泛地应用于生产、经营、交易、营销等领域。其中，互联网公司的主要代表有阿里巴巴、百度、腾讯、搜狐、新浪等，通信公司的代表有中国联通、中国移动、中国电信等，金融部门包括银行、证券、保险等，公共部门有市场监管、税务、公安、质监等部门。随着互联网产业的发展，越来越多的企业利用源源不断的大数据，监控生产机器运行、第一时间了解企业生产经营情况、帮助企业进行决策等。

表8-1 **各省（区、市）大数据发展指数排名（1~16名）**

排名	省（区、市）	总指数	一级指标					
			政策环境	人才状况	投资热度	产业发展	创新创业	网民信心
1	北京	78.22	68.64	90.00	87.46	68.51	69.37	82.86
2	广东	74.72	70.05	79.20	78.05	58.29	88.64	66.96
3	上海	69.14	65.14	83.53	72.05	53.88	64.74	77.85
4	江苏	66.13	58.78	74.13	53.07	59.66	77.74	73.31
5	浙江	64.48	77.49	68.55	64.13	40.65	69.21	82.24
6	山东	60.12	54.83	63.26	46.45	61.25	69.62	65.24
7	贵州	57.73	77.93	50.19	43.23	54.48	56.78	90.00
8	重庆	54.65	62.16	54.68	37.10	56.19	60.31	67.84
9	福建	54.35	68.80	56.52	44.41	51.31	53.94	62.36
10	四川	54.28	61.22	69.53	33.89	37.65	66.70	66.02
11	陕西	52.94	43.41	60.20	48.50	44.36	59.74	60.36
12	河南	50.99	44.29	57.96	45.15	44.22	55.71	59.49
13	湖北	50.13	60.01	64.61	31.73	32.95	63.43	55.87
14	河北	48.81	45.52	50.43	39.65	58.38	43.19	59.33
15	安徽	47.12	39.81	55.89	27.02	39.67	67.42	51.41
16	辽宁	46.84	39.13	57.11	30.44	51.99	51.95	46.25

8.2 大数据在企业信用管理中的应用

互联网普及是大数据时代到来的基础。正是由于互联网技术在社交、电子商务、供应链、企业生产经营等领域的普遍应用，信息的沉淀和大规模收集才成为可能，这直接导致了大数据时代的诞生。在大数据时代，移动互联、云计算的交互融合，对征信行业具有强大的冲击力，它颠覆了我们对传统征信的一些理念。大数据改变了征信数据收集与整合的方式，征信行业的生产、经营、组织方式正在悄然发生变革，以积极适应大数据时代的新变化。

一、目标企业的检索与信用分析

大数据在企业信用管理中的应用主要是利用征信数据库开拓市场。这首先体现在目标企业的检索与信用分析方面，主要通过选择合适的商业征信数据库、掌握企业分类法、制定征信数据库检索方法以及确定委托服务方式和审定合同这几方面来进行。本书主要分析选择合适的商业征信数据库在企业信用管理中的应用。

作为现代企业信用管理功能之一，利用征信数据库开拓市场的功能是在20世纪80年代后期才开始出现的。随着计算机和IT技术的发展，大型企业征信机构的数据库功能变得强大起来，逐渐具备了利用征信数据库开拓市场的服务功能。近年来，在跨国征信机构的大型企业征信数据库中，全球范围的企业信用档案上升到7 000万家以上，而且是数据得到不断更新和维护的企业信用档案。在国内，主流企业征信机构的征信数据库也达到了覆盖全国企业的规模，而且一定比例的企业信用档案得到了经常性更新式的维护，已经停业、破产、被吊销执照的企业信用档案查询服务也可以提供。自2001年以来，国内主流的企业征信数据库已经逐步开始提供开拓市场的数据库查询服务，而且服务方式相当灵活。

在企业内部，利用征信数据库开拓市场是信用管理部门提供的一种服务，其本质是从征信数据库中检索出精准的信息，支持本企业的市场开拓和海外招商活动。由此可见，这项服务的主要对象是企业内部的销售部门或市场部门，也包括企业的进出口部门和高层经理人员，以及其他涉外或外联部门。服务的目标是帮助企业高效率、低成本和大范围地开拓市场（特别是国际市场），或进行招商。确切地说，利用征信数据库开拓市场是企业信用管理的一项辅助功能，它不发挥控制和转移信用风险方面的作用，本质上是对企业内部和市场上各类征信数据资源的充分挖掘和利用，是一种市场信息服务。

为什么将利用征信数据库开拓市场定义为现代企业信用管理的功能呢？一方面，对于企业信用管理人员来说，利用征信数据库开拓市场对应一系列的征信数据库检索技术操作或委托资料查询，是对他们日常使用的信用管理信息资源和工具的一种应用，企业信用管理人员非常熟悉这种信息资源，容易掌握这项操作技能；另一方面，尽管有些大企业的客户数据库规模相当庞大，但用于开拓市场的征信数据库是指那些提供商业化服务的大型征信机构的数据库。在大型征信机构的企业或个人征信数据库中，存储着海量的信用信息，许多大型征信机构和征信数据供应商都能提供征信数据服务，帮助客户开拓市场，挖掘市场潜力。信用管理人员的日常业务就是联系征信机构，购买征信机构的产品和服务，熟悉征信机构的业务操作，掌握信息检索的方法。因此，由信用管理人员负责操作，能够更好地发挥这项功能。

在操作上，利用征信数据库开拓市场就是通过对征信数据库进行检索，找到所需要的目标客户群或潜在的合作伙伴。对于这项操作，选择合适的目标征信数据库是利用征信数据库开拓市场的基础，为了实现查询目标，信用管理人员应该按照图8-3所示的步骤进行操作。

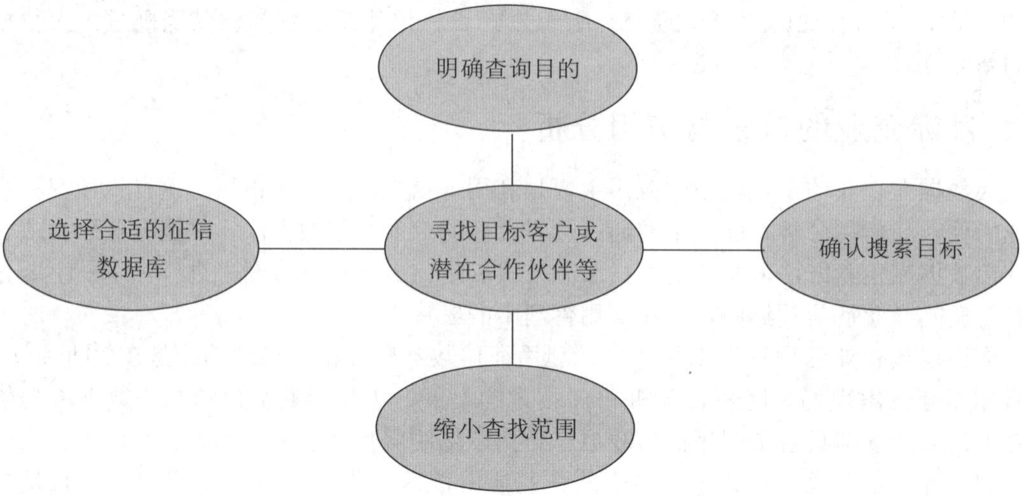

图8-3　选择征信数据库寻找市场客户步骤

1.明确查询目的

当企业的销售部门或其他部门的人员提出信息检索请求之后，信用管理人员应该对他们的查询请求进行分析，与提出请求的人员进行研究和磋商，帮助他们将思路梳理清楚，弄清他们的市场目标所在。

当提出信息检索请求的是销售人员时，他们通常所需要的服务是寻找新客户，包括海外客户或销售代理商。当然，销售人员也有可能需要了解现有客户破产的可能，或者是寻找各地的代理商。如果企业有自然人类型的客户，而企业又向消费者发放赊购卡，所需要的不外乎是适合推销信用工具的消费者名单，或者需要查询一些消费者的信用价值。因此，负责征信数据库服务的信用管理人员要弄清查询请求的真正搜索目标，特别是客户类型及所在地区，尽可能地缩小数据库检索范围。

当提出请求的人员是其他部门的人员时，信用管理人员更需要与他们反复沟通，弄清他们的真正需要。他们有可能是寻找合作伙伴、投资人和供应商等，也可能只是需要核实一些信息。

对于不熟悉征信数据库检索服务的人员，信用管理人员需要向他们简单介绍征信数据库的功能及基本检索方法。在介绍情况的过程中，往往会使他们得到启发或提示。在启发他们明确搜索目标和缩小查询范围的同时，由于他们了解了征信数据库的基本功能，最好帮助他们重新提出信息检索请求。在日常工作中，为了提高工作效率，信用管理部门应该设计一份“开拓市场委托查询申请表”，并尽可能通过申请表辅导信息检索申请人叙述清楚他们的查询目的和目标市场的范围。同时，通过申请表，记录下委托查询的部门或人员的类型、权限、内部记账等信息，供管理和存档用。

在提供利用征信数据库开拓市场服务时，会出现各种各样的问题，对于经常出现的问题，需要特别注意。由于其他部门的大多数人员不熟悉利用征信数据库开拓市场服务的内容和方法，特别是对征信数据库的功能不太了解，往往不会准确地提出查询请求，甚至提出根本不属于服务范围内的请求。即使信用管理部门提供了委托查询申请表，他们也经常会将多项查询请求混淆在一起，或者填写得“文不对题”。有经验的信用管理人员会通过简单的沟通，弄清楚他们的真实想法，确定能否提供服务。如果所提出的查询请求是技术上可以实现的，则应该向提出查询请求者大致描述将会取得怎样的检索结果，确认将要进行的查询是符合他们要求的。如果信用管理人员接到的查询请求不在服务范围之内，则应该向提出查询请求的人员做些解释，婉拒查询请求。

还有一个问题值得信用管理人员注意。如果信用管理部门刚刚替一个部门提供了一项查询，又有另一部门提出了同样或类似的查询请求，为了避免重复查询和节省费用，可以建议查询申请人到拥有查询结果的部门索取相关资料。

鉴于有些企业的管理制度要求，企业内部的部门之间既有合作，也存在竞争，为了维护企业内部的公关关系和符合保密制度的要求，信用管理人员不便直接将别的部门查询的结果直接提供给另一查询申请人参考。所谓“刚刚”查询完，时间范围是这样确定的：如果查询对象是企业，查询结果在一个季度内有效；如果查询对象是消费者，通常在一周内有效。

最后一个需要注意的问题是，信用管理人员应适当划定这项服务的范围。利用征信数据库开拓市场服务是大型数据库提供的信息检索服务，订购和分析相关调查报告类的服务不包括在内，那属于信用管理部门的日常工作；或允许其他部门自行委托的普通资信调查服务，不能与本项服务混为一谈。例如人力资源部门要求信用管理人员帮助调查应聘者的雇佣背景情况，这是单一品种且经常需要的调查，信用管理部门可以提供帮助，但最好根据企业管理制度进行安排，可以由人力资源部门与个人征信机构建立业务联系，直接从个人征信机构订购消费者信用报告或其他个人征信产品。

2. 确认搜索目标

一旦确定一项查询请求属于利用征信数据库开拓市场的服务范围，就应该进一步确定且确切描述搜索目标。如果查询请求中包含多项市场目标，应该将各个目标加以区分，然后一个一个地查询，或者先进行最迫切需要的市场目标的检索。这项工作的步骤如下：

（1）确定目标类型。首先，信用管理人员应该区别所需要寻找的市场目标是企业类型法人，还是消费者个人类型的自然人。其次，最好将客户区分为制造商、贸易商、批发商或零售商等类别。

（2）确定目标所在地区。明确目标客户销售渠道所在或所覆盖的市场，将目标客户分为内地客户、港澳台客户、国际客户等几种情况。对于国际目标，还应细分至确切的国际区域（例如欧洲、北美洲、大洋洲等），或是特定的一个国家。有时，还需要将目标聚焦到一国（特别是大国）的某个地区，例如俄罗斯的远东地区。

（3）描述客户的行业特征。要求提出查询请求的人员提供目标客户的主要产品品种或服务类型，以便确定目标客户所在的行业。对客户的行业特征应描述得越详细越好，例如不能笼统地说目标客户属于食品行业。对于一个属于食品行业大范围的目标，应该要求查询申请人进一步给出目标在食品行业的下位分支行业的名称，如目标客户属于食品行业中的冷饮行业，而且属于冰激凌类食品的生产企业。

当然，最好能够给出客户所在行业的标准编码，如SIC编码。信用管理人员也可以帮助查询申请人确定目标的行业分类编码，如冰激凌生产企业的SIC编码为2024。

3.缩小查找范围

尽管完成了确认搜索目标的三个步骤，但出于成本和检索效率方面的考虑，信用管理人员还需要进一步缩小征信数据库上机检索的范围。利用征信数据库开拓市场是指使用大型征信机构提供的商业服务，其检索方法与其他数据库检索方法在原理上是相同的。如果信用管理人员能够正确运用检索方法，就能够将检索的数据量控制在最小范围内，这样无疑可以节省费用。企业制订信用管理部门实现这项服务功能的方案，但通常会制定出预算，而且将预算分配到有查询需求的各个部门。因此，在使用开拓市场服务时，信用管理人员应该考虑成本问题，向提出查询请求的部门了解其预算情况，不能随意突破预算，要按照企业的相关管理制度执行。

为此，在正式上机查询之前，信用管理人员要与提出查询请求的人员协商，明确提出检索客户数量问题，弄清满足对方要求的最低限度要求——底线要求，即提出到底需要检索出多少客户数量。例如，在销售人员提出寻找加拿大渥太华市的纺织品进口商时，要提示申请查询的销售人员，是否必须将该市当年有进口牛仔服记录的全部进口商检索出来？可否只检索出进口额度或业务量最大的前10名进口商？

当信用管理人员请查询申请人确认了检索范围和底线客户数量之后，信用管理人员就完成了与查询申请人的磋商程序，可以进入下一个操作步骤，即辅导查询申请人填写《市场开拓委托查询申请书》，申请人填好了申请书，下一阶段工作就完全交由信用管理人员完成，不再需要查询申请人的参与了。

4.选择合适的征信数据库

根据委托书上载明的要求，信用管理人员需要选择合适的征信数据库来执行任务。可供选择的征信数据库有三类：一是企业自己拥有的客户档案库；二是大型企业征信机构的企业征信数据库，如新华信国际信息咨询（北京）有限公司的中国企业档案库、邓白氏公司的世界数据库（Worldbase）、英国益百利公司的企业征信数据库等；三是大型个人征信机构的个人征信数据库，如国外的有美国三大个人征信局的数据库，国内的有上海资信有限公司和深圳鹏元资信评估有限公司的个人征信数据库。

每个提供商业化服务的征信数据库都有各自的特点，特别是在覆盖区域、服务种类、检索方法等方面各有不同，信用管理人员要根据实际需要选择合适的征信数据库及其服务。如果需要开拓国内市场，选择国内的征信企业或个人征信数据库比较好，鉴于中国的市场环境，如果要查询中国目标客户的情况，中资征信机构的信用信息深度要优于外国公司，服务价格也相对低廉。

征信机构提供的利用征信数据库开拓市场服务分为两大类，即开拓国内市场和开拓国际市场。因为利用征信数据库开拓国内市场的途径很多，企业销售部或市场部的业务人员都有自己的法宝，因此销售或市场部门最需要求助于信用管理人员的，几乎都是利用征信数据库开拓国际市场的服务。

如果需要开拓某国的市场，最好使用当地的征信数据库服务。例如，使用日本帝国数据银行的COSMOS企业征信数据库查询日本企业，或者使用欧门（Eurogate）连线网络查询欧盟国家的企业。再如，英国益百利公司的全球商业数据库是一个大型数据库系统，拥有美国40多万个商业机构的数据。用户可以挑选SIC编码、电话号码、雇佣人数、联系人姓名、从业年份和年销售额等检索点进行数据库检索。其中的“热点数据库”服务很有用，每月都列出近20万个新成立的商业机构的名称，也可获取当月的175 000家新开业公司的信息，以及2 500个迁址公司的信息。

如果需要开拓国际市场，邓白氏公司的企业征信数据库（Worldbase）覆盖范围广且功能强大，覆盖区域包括全球近220个国家和地区。

另外，企业的销售人员和产品设计人员有可能需要了解市场上某种产品的委托查询情况。尽管产品数据库不能算是征信数据库，但有时信用管理人员需要帮助其他部门的人员联系和使用商业化的产品数据库服务。有些产品信息供应商的数据库中，也经常存储这些征信数据。在国内，提供产品数据库服务的有慧聪公司和法国康巴斯公司。

市场上存在不同种类的企业征信数据库，信用管理人员必须熟悉主流征信机构的数据库服务，并根据实际需要和预算，选择合适的征信机构提供的数据库服务。

至于企业自己的客户信用档案库，在开拓市场方面的作用不大。当所需要查询的目标是某个已经有信用档案的客户时，档案中可能有一些该客户的其他资料，有助于企业挖掘该客户的市场潜力。

二、海内外客户源的挖掘与拓展

海内外客户源的挖掘与拓展也是大数据在企业信用管理中应用的体现。

1.使用基本检索服务

在征信机构提供的开拓市场服务中，基本检索服务是种简单的服务，提供简单的潜在客户名录，操作方式比较简单，收费非常低廉。使用这种服务，征信机构仅仅提供简单的检索结果，内容包括：潜在客户的名称、地址、联系电话、传真号码、电子邮件地址。

通常，当征信机构接到填写清楚的委托书之后，便启动征信数据库，将符合要求的客户信息逐条地检索并打印出来。然后，将检索出来的信息装订成册或以电子版文件形式交付客户。

例如，江苏某外贸公司的信用管理人员替当地某光缆生产厂向征信机构订购开拓国际市场的基本检索服务，光缆生产企业的SIC码是4811。生产厂家希望能够将产品卖到埃及，并找到若干家埃及代理商。在该用户向征信机构提出不加限制的查询请求后，首先需要取得埃及国内所有通信器材的进口、批发和零售商的名单及联系方式。启动征信数据库后，共查出121家在埃及经营通信器材的进口商、批发商和零售商。然后，征信机构将被检索出来的记录以电子版本形式交付委托人。

有时，在上机操作之后，并没有检索出信用管理人员想要的潜在客户信息，也就是出现了没有命中检索目标的问题。出现这种情况，常见的原因有两种：第一种是检索方案出现问题，可以换上备用检索方案，或更换检索主题词、产品编码、限制条件等；第二种是对检索范围的限制太过宽泛，造成检索结果出现“鱼龙混杂”的情况。如果出现第二种情况，可以增加限制条件，重新上机检索。也可以对检索结果做人工处理，请有经验的信用管理人员从中挑选出有用的条目，再将人工挑选出来的潜在客户名单编辑好，交给最终用户。

2.使用深层次检索服务

深层次检索服务又称详细的潜在客户检索服务。使用这种服务，征信机构提供的检索内容包括潜在客户的名称、地址、联系电话、传真号码、电子邮件地址、潜在客户企业的主要负责人、销售额、净资产、雇员人数等。同时，征信机构还可以根据委托人的需求，对符合地域限制条件的潜在客户名单进行排名，如按照交易额大小或交易次数多少，对检索出来的潜在客户进行排名。如果有对应的SIC编码，可以更有针对性地对潜在客户进行排序，如毛巾类纺织品的进口商排序。使用这种服务，征信机构还可以保证核实所有潜在客户的联系电话和通信地址。征信机构的服务可以帮助企业了解潜在客户的实力，并按照实力大小的排序与潜在客户进行联系。

例如，征信机构的人员经检索后，取得了江苏某外贸公司需要的埃及通信产品进口商中有实力的20家潜在客户名单，并按照某年度的平均进口额对它们进行排序，并对埃及亚历山大地区最大的10家IT产品批发和零售商按照规模排序。同时，征信机构应外贸公司的要求，委托征信机构驻埃及分支机构、合作伙伴逐一核实上述20家埃及通信产品进口商的通信地址、电话、传真、电子邮件地址等，以保证服务的质量。

在使用深层次检索服务时，有可能在服务合同条款中加入一些关于征信机构提供咨询服务的条款，例如需要征信机构对潜在客户进行怎样的排序、对多少类潜在客户进行排序、潜在客户的业务覆盖地域（覆盖多少个国家）等。

3.使用全权委托服务

顾名思义，全权委托服务是“全权委托数据库开拓国际市场服务”的简称，这种服务适合于那些海外销售经验不足、外语能力不强或海外销售人员不成熟的企业。使用这种服务方式，企业委托大型征信机构代为联系海外潜在客户，征信机构代表委托人对海外客户进行最初的联系。例如，征信机构根据委托人的要求，检索出埃及的50个潜在客户，并按照潜在客户的业务规模进行排序，制作出潜在客户名单。经过委托人的确认，认为检索的结果符合要求。根据委托人的进一步要求，征信机构开始以自己的名义与潜在客户取得联系，将委托人推荐给潜在客户。

通常，征信机构对使用全权委托服务的委托人保证，在潜在客户名单被委托人确认后的2个月内，取得潜在客户的回复，回复率应高于30%。根据上例，征信机构至少要取得15家埃及公司的回复。然后，将所有回复征信机构推荐的潜在客户移交给委托人。

采取全权委托服务的优点很明显，在初次同外国目标公司联系时，委托人以大型跨国征信机构的名义去联系潜在的销售代理商或直接客户。在提供全权委托服务时，征信机构的做法是：

（1）以信函形式帮助委托人联系海外潜在客户。

（2）使用征信机构的名义和信笺。

（3）使用征信数据库提供的信息说明选择潜在客户的理由。

（4）以强力推荐的口气撰写联系信函，特别指出委托人是有实力和信用的制造商。

（5）要求复信寄到征信机构。

（6）向委托人保证有比较高的复信率。

因为企业征信机构就是调查和评价企业信用状况的专业机构，得到大型征信机构的推荐，会让检索出来的外国潜在客户认为被推荐的中国企业是可信赖的，无形中提升了中国企业的信誉。使用过全权委托服务的中国企业认为，这种联系外国潜在客户的方法，等于是让委托人站在著名征信机构的肩膀上工作，比以自己企业的名义去联系外国潜在客户的效果好多了。另外，对于绝大多数中国企业而言，跨国的大型征信机构的国际影响力远比自己的大，由国际知名度高的征信机构代为联系海外客户，通常比企业自己去联系海外客户的回复率要高很多。同时，比自己直接联系海外潜在客户的成本要低很多。

在使用全权委托服务之前，信用管理人员要了解一些商业信函方面的知识特别是英文商业信函的写法。尽管征信机构的服务人员的英文水平很高，对于企业的信用价值也有评价，多少了解企业的产品和服务，但毕竟他们对企业所在行业的情况、商业方面的惯例、产品和技术方面的专业词汇的恰当用法等有欠缺，信用管理人员应尽量帮助他们，让联系潜在客户的信函写得更专业。另外，有时企业征信机构的服务人员在联系潜在客户的信函中并没有对企业优势进行恰如其分的描述，信用管理人员有权指出其中的问题，提出修改商业信函的要求，并提供修改意见。信用管理人员还可以要求征信机构的服务人员将公司简介、荣誉证书、财务报表等资料同封递送给海外潜在客户。

[本章小结]

本章从大数据时代的背景出发，讲述了如何进行企业信用信息管理。详细阐述了企业信用信息管理的原则与基本目标、企业信用信息管理的条件以及大数据的概念和特征。强调了企业在大数据时代信用信息管理的重要性和必要性。同时，还强调了企业要学会运用大数据对企业信用信息进行管理。

[知识掌握]

1.名词解释

信用信息；大数据

2.单项选择题

（1）根据《2017中国大数据发展报告》，我国大数据发展总体处于起步阶段，北京、上海和（　　）的大数据发展总指数位居前三。

A.武汉　　B.南京　　C.深圳　　D.广州

（2）最具代表性的企业征信数据库是由（　　）建立起来的。

A.艾克飞公司　　B.环联公司　　C.益百利公司　　D.邓白氏公司

（3）征信数据库是针对社会各类信用主体的调查数据及经过分类、整理之后的（　　）所建立的数据库，是信用信息收集和信用记录的一种重要形式。

A.金融信息　　B.数据　　C.信用信息　　D.资质信息

3.多项选择题

（1）按照信用主体的不同，征信数据库可分为（　　）和（　　）。

A.企业征信数据库　　B.政府征信数据库

C.第三方征信数据库　　D.个人征信数据库

（2）征信数据库的功能包括（　　）。

A.惩戒失信　　B.弘扬守信

C.完善社会信用体系　　D.提供征信服务

（3）大数据的特征有（　　）。

A.大体量　　B.多样性

C.时效性　　D.价值性

4.判断题

（1）征信数据库与信用信息管理系统是形同的。（　）

（2）征信数据库的功能之一在于惩戒失信。（　）

（3）信用信息的采集、使用、传播都不受相关法律法规的制约。（　）

5.思考题

（1）简述征信数据库的功能。

（2）大数据在企业信用管理中的作用体现在哪些方面？

［知识应用］

□ 案例分析

某市房地产开发有限公司（以下简称B公司）原法定代表人崔××因公司资金周转问题，借用他人名义以虚假购房的方式从银行骗取多笔贷款，累计超过千万，被控骗取贷款罪。

2004年11月，崔××借用王某的名义签订购买B公司商品房的合同，后以王某的名义向某银行按揭贷款130万元，银行于同年12月放款至B公司账户内。2006年10月，崔××采取类似手法，6次借用不同的他人的名义，签订购买B公司6套别墅的合同，后以他人的名义向银行分别按揭贷款，从151万元到254万元不等。银行均已于当年放款至B公司账户内。2007年10月，崔××将上述其中3套别墅卖给市民柳先生，柳先生一次性付清3套别墅房款。但直至2012年8月，仍未能办理房产证，柳先生遂报案。公安机关接到报案后，于2013年4月将崔××抓获。破案后，涉案的两家银行均未能收回贷款余额。法庭上崔××表示对不起业主，当年因原材料上涨，建设资金超出了预算，公司从银行没法贷到更多的资金。当资金链断裂时，有人劝他卖掉公司，这样可以拿到几个亿。但他不甘心，于是铤而走险，利用虚假按揭购房骗贷，最后导致公司诚信形象严重受损，也极大地损害了业主的权益。检方认为，崔××作为B公司的法定代表人，骗取银行贷款后给B公司使用，给银行造成重大损失。B公司的行为涉嫌单位犯罪，崔××作为该公司直接负责人，应当以骗取贷款罪追究其刑事责任。

资料来源　编者根据广东金融学院信用管理学院征信理论与实务课程案例：企业征信信息应用案例改编。

要求：请根据案例的内容，运用所学的信用管理相关知识，阐述从本案例中得到什么教训，如何避免类似的情况发生？

□ 实践训练

主题：企业信用信息管理与大数据分析研讨会

内容与提要：

（1）学生以5人为一个小组；

（2）会前对本地的企业征信机构进行调研；

（3）通过本课程所学习的内容，分组对所调研的征信机构进行分析，分析其所经营的业务范围，对企业信用信息采集的方式、方法和主要内容等，指出征信机构建立的数据库在信用信息管理系统中起到的作用。

成果检验：

（1）召开企业信用信息管理与大数据分析研讨会；

（2）各组分别将调研的征信机构的情况在研讨会上进行分享与展示；

（3）指出各征信机构在收集企业信用信息时所采取的方法和内容，指出大数据对企业信用信息管理的影响，以及收集的信用信息对企业信用信息管理的作用，并进行对比研讨。

第9章 小微企业信用管理

［学习目标］

通过本章学习，你应该达到以下目标：

知识目标：

1. 要求了解小微企业信用管理概念、小微企业信用管理目标及职能、小微企业信用管理流程。

2. 熟悉小微企业法人信用记录的建立、记录使用过程中的法律要求、采集要求与应用要求，以及小微企业信用档案。

3. 掌握小微企业法人账户的概念及信用卡的沿革、种类、功能。

技能目标：

1. 了解定期查询小微企业法人信用记录的重要作用。

2. 学会提升小微企业信用的方法。

［内容架构］

小微企业信用管理

- 小微企业信用管理概述
  - 小微企业信用管理的界定及意义
  - 小微企业信用管理的目标及职能
  - 小微企业信用管理的工作流程
- 小微企业法人信用管理
  - 小微企业法人信用的建立
  - 小微企业法人信用记录
  - 小微企业法人信用记录的应用

案例导入

建立信用管理制度　缓解小微企业融资难的问题

2013年11月4日下午，在“天府峰会2013”的第二场主题对话中，针对“大数据时代中的企业变革”的话题，宜信公司创始人、首席执行官唐宁接受四川连线记者采访时表示，现在小微企业融资难。小微企业是中国经济最有创新力、最有活力的部分。这几千万小微企业主，由于过去缺少实物资产，缺少社会资源，很难通过抵押担保的方式获取资金，所以说他们融资是非常难的。怎么解决？有哪些创新的解决方案，真正能够帮扶这个群体？

唐宁认为：“小微企业的信贷长期以来没有得到银行和大型金融服务机构的全力支持，很大一部分原因是对于贷方的风险控制机制缺乏深入探索，银行和大型金融服务机构大多偏爱大中企业，相应的也使得小微企业的融资成本居高不下。但是宜信从成立之初就严格进行风险管理，打造了一个系统的风险防控体系，建立了一整套信用评估体系，把美国成熟的技术、流程、模式拿过来和中国的具体实际相结合。”

具体来说，在普惠金融领域，宜信的目标对象是几千万小微企业主和几亿贫困农户，帮助他们将自己的信用价值释放出来；在财富管理方面，则是帮助中国崛起的中产阶级、大众富裕阶层、高净值阶层实现资产的保值增值。唐宁说：“大家在经济下行、社会老龄化、有很多不确定因素的大环境下，都希望能在真正规避风险的同时跑赢通胀，逐渐走向财务自由的境界。这样的挑战越来越大，我们的财富管理事业就希望帮大家解决这些问题。”

同时，移动互联网技术的突飞猛进也给宜信的金融创新和普惠信誉工作带来了巨大的机遇。“传统的信贷技术基于实体经济，我认为在中国现阶段仍旧是重要的、不可替代的。与此同时，互联网中的虚拟世界的特性，也成为我们信用评估和管理的重要指标。比如说物以类聚，人以群分，和哪些人交往决定了这个人的地位，利用移动互联网能够在征信领域取得很大的创新空间。”

资料来源　佚名.宜信CEO唐宁专访：服务创新助你开启财富之门［EB/OL］.［2013-11-03］. http：//www.scol.com.cn.有删减。

启示：小微企业信用管理对于小微企业能否获得优质的金融服务至关重要。移动互联网技术、大数据分析的突飞猛进，为小微企业信用管理工作带来了巨大的机遇，为解决小微企业融资问题提供了更多的选择方案。

9.1　小微企业信用管理概述

小微企业信用管理包括小微企业信用管理的界定及意义、小微企业信用管理的目标及职能以及小微企业信用管理的工作流程三个方面。

一、小微企业信用管理的界定及意义

（一）小微企业信用管理的界定

小微企业是小型企业、微型企业、家庭作坊式企业的统称。根据《中华人民共和国中小企业促进法》和《国务院关于进一步促进中小企业发展的若干意见》（国发〔2009〕36号），根据企业从业人员、营业收入、资产总额等指标，结合行业特点制定小微企业认定标准。小微企业信用管理有广义与狭义之分。广义的小微企业信用管理是指小微企业为获得他人提供的信用和授予他人信用而进行的管理活动。狭义的小微企业信用管理是指小微企业对授信活动和授信决策进行科学管理。通过资信调查，收集客户的各种信用信息与数据，进行综合处理、判断，对客户的信用质量作出评价，权衡信用销售的风险与收益，制定恰当的信用决策，跟踪管理应收账款，以降低交易成本，提升企业利润。本书分析的小微企业信用管理，以狭义的小微企业信用管理为主。

小微企业信用管理由企业自身信用管理及企业法人信用管理组成。其与大中型企业信用管理的相同之处在于两者都是企业，具有企业信用管理活动的共性：包括信用管理的目标相同（以降低交易成本，培养企业利润为目标），信用管理的标准相同，信用管理的职能相同，征信管理的基本流程相同。与大中型企业信用管理的不同之处在于，小微企业信用管理的侧重点不同。小微企业规模小、经济活动少，可以衡量的信用管理信息较少。小微企业数量众多，但企业平均生命周期相对较短。因此，小微企业信用管理在兼顾企业共性的同时，更关注个性，更侧重于企业法人的信用管理活动及其反映的信用管理信息，更依靠大数据等现代信息技术手段进行信用评分，建立信用档案，以更好、更有效地实施小微企业的信用管理活动。

（二）小微企业信用管理的意义

当今世界，经济全球化深入发展，企业跨国经营、资本跨境流动日益频繁，知识经济方兴未艾，科技进步日新月异，为小微企业信用管理提供了新机遇，对小微企业信用管理水平提出了新要求。面对“互联网+”正在向信用互联网、价值互联网拓展的新趋势，信用管理涉及电子信息制造与软件业、大数据、云计算、人工智能、物联网、北斗导航、区块链等领域，小微企业信用管理活动在经济社会发展中的基础性、战略性、关键性作用更加凸显，小微企业信用管理水平的竞争已成为国家、地区和企业间竞争的焦点之一。中国共产党的十九大报告对社会主义核心价值观作出了新定位、提出了新要求、明确了新任务，诚信作为社会主义核心价值观的核心，是企业信用管理工作的基石，小微企业信用管理发展迎来重大机遇期。中国共产党第十九届四中全会提出了坚持和完善中国特色社会主义制度，推进国家治理体系和治理能力现代化的要求，增强小微企业信用管理工作的责任感、使命感、紧迫感，抓住机遇，迎接挑战，统筹规划，深化改革，重点突出，整体推进，不断开创小微企业信用管理新局面，为实现中华民族的伟大复兴提供信用支持。

二、小微企业信用管理的目标及职能

小微企业信用管理的目标是降低商品交易中的信用风险，从而降低交易成本，提高企业利润。同时，弘扬诚信经营的信用文化，维护社会主义核心价值观，平等互利，促进市场信用体系建设，维护公平竞争，服务社会经济发展需要。

小微企业信用管理职能由信用管理目标决定。通常，小微企业不需要建立独立的企业信用管理岗位。小微企业的信用管理职能可以由企业法人或企业法人指定人员承担，也可以聘请第三方专业机构承担。小微企业信用管理职能主要分为以下方面：

（1）从及时收回赊销货款的角度，确定客户的商业信用条件，包括商业信用的形式、期限、金额等。

（2）对商业客户进行筛选。评估与识别存在信用风险的客户，并采取不同的商业信用条件。

（3）与企业财务、营销等相关人员合作，提供信用意见与建议，在降低信用风险的同时扩大企业销售额。

（4）建立企业客户的信用档案。进行日常监控与管理，防控企业客户信用风险，并开展数据挖掘活动，注意提升企业客户潜在销售额的机会，为企业创造更大利润。

（5）设定企业对各类或特定客户所产生的信用风险产生的最大损失限额。为财务、营销等相关人员提供可操作的数量依据，防止坏账损失扩大，同时与财务、营销等相关人员共同将可能发生或已经发生的坏账损失降到最小。

三、小微企业信用管理的工作流程

尽管小微企业经济业务量少，企业信用管理过程往往由一个工作人员完成该流程中所有步骤的工作，但小微企业信用管理过程与大中型企业类似，是一个与不同业务相互影响、相互制约的过程，“麻雀虽小，五脏俱全”。小微企业信用管理过程在财务、营销等相关业务的协助与支持下，主要管理工作流程如图9-1所示。

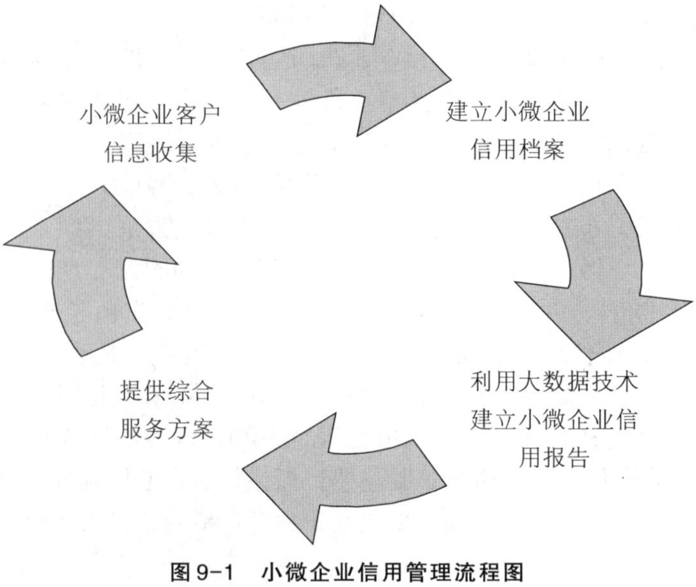

图9-1　小微企业信用管理流程图

（一）小微企业客户信息收集

这包括企业财务、销售部门自有客户信用管理资料、信用管理人员对客户专项调研形成的信用管理资料与信息，以及从银行、政府、社会公共服务部门等渠道获取的两大类信用管理信息。

（二）建立小微企业信用档案

为实现小微企业信用管理水平的提升，要求对客户进行相关服务，通过信用管理培训、企业行为规范养成等手段，培育客户良好的信用行为。

（三）利用大数据技术建立小微企业信用报告

小微企业规模及经济实力相对较弱，缺乏建立企业自身大型信用管理数据库的条件，可采用租赁相关企业资源平台、与行业协会合作、查询中国人民银行信用报告等办法，对客户进行信用评分。同时，为客户提供实时查询企业信用报告和企业主个人信用报告的服务，让客户初步了解自身的信用状况。

（四）提供综合服务方案

客户是小微企业的资源，客户与小微企业存在相互依存关系。小微企业在做好信用管理基础工作，不断提升营销业绩的同时，应注意为客户提供综合服务，利用信用管理方案为客户提供融资解决方案，积极建设良好的信用管理生态，帮助客户实现从信用建设到全方位发展的目标。

9.2　小微企业法人信用管理

小微企业法人信用管理对企业内部经营与外部征信均具重要意义。小微企业法人信用管理是指信用机构将信用工具授予小微企业法人，用于小微企业生产经营及家庭活动相关的信用管理活动。小微企业因企业自身实力不足、发展不完善、经济业务较少，难以为其信用管理提供科学、充分的信用记录依据。小微企业信用管理投入少，导致信用管理信息不透明、制度不健全、管理不到位，与大中型企业相比，更需要对小微企业法人个人进行信用管理。因此，小微企业法人个人的信用记录成为小微企业信用管理的重要部分，其中涉及的借贷活动就是小微企业法人信用活动的重要组成部分，个人房贷、信用卡、助学贷款、商品赊销等都属于个人信用活动的内容。小微企业法人信用管理包括法人信用的建立、法人信用记录以及法人信用记录的应用三个方面。

一、小微企业法人信用的建立

（一）小微企业法人账户

1.小微企业法人账户概述

小微企业法人账户是指与小微企业法人家庭生活相关的各种信用消费与支出账户。包括登记在小微企业法人户名下的手机号码、网络宽带户名、水电费缴费户头、银行信用卡户头、按揭购房申请等。小微企业法人账户下的经济活动反映了小微企业法人的信用状况，尤其是可以透支的信用卡及消费信贷账户对判断小微企业法人信用价值具有重要作用。建立小微企业法人信用记录的关键是建立小微企业法人账户，建立小微企业法人账户的时间越早，小微企业法人信用记录的确立时间越早，对小微企业法人信用管理越有利。

2.银行信用卡账户

（1）信用卡的由来及沿革。信用卡的发展，可追溯至18世纪中叶。信用卡的发源地是美国。不过，当时的卡片是以金属制成。最早发行信用卡的机构是一些百货商店、饮食企业、娱乐企业和汽油公司，而不是银行。美国的一些商店为吸引顾客，追求经营业绩，发给顾客一种类似金属徽章的信用筹码，后来演变成塑料制成的卡片，作为客户购货消费的凭证，顾客可以凭筹码赊购商品，信用卡就是这样开始形成的。美国经济大萧条以及后来的第二次世界大战曾使信用卡的发展一度受到重挫，但信用卡业务最终还是发展了起来。

1950年春，麦克纳马拉与他的好友施奈德合作投资1万美元，在纽约创立了大莱俱乐部（Diners Club），即大莱信用卡公司的前身。1951年大莱卡（Diners Card）问世，这是现代信用卡的雏形。1952年，美国富兰克林国民银行作为金融机构首先发行了银行信用卡。1959年，美国的美洲银行在加利福尼亚州发行了美洲银行卡。

20世纪60年代，银行信用卡得到迅速发展。70年代初期，亚洲的新加坡、马来西亚、中国香港和中国台湾等地，开始开展信用卡业务。70年代末期，中国内地大胆引进外国的先进的科学技术和管理经验，信用卡进入中国内地。现在，我国的各商业银行都发行了自己的银行卡，如中国工商银行的牡丹卡、建设银行的龙卡、中国银行的长城卡、农业银行的金穗卡、民生银行的民生卡、招商银行的一卡通等。

（2）信用卡的类型。信用卡通常有2种类型，即双方卡和三方卡。双方卡是指特约商与发卡者是同一人；三方卡是指有三方面的当事人存在，即发卡人、特约商和债务人，它们各自都是独立的。三方卡在融资分期付款购买商品及服务中使用。

（3）信用卡当事人之间的权利与义务。中国人民银行于1999年1月颁布《银行卡业务管理办法》。其中，第二章第五条规定，银行卡包括信用卡和借记卡。第七章第五十三条规定，持卡人的权利有：一是享有发卡银行对其银行卡所承诺的各项服务的权利，有权监督服务质量并对不符服务质量进行投诉；二是申请人、持卡人有权知悉其选用的银行卡的功能、使用方法、收费项目、收费标准、适用利率及有关的计算公式；三是有权在规定时间内向发卡银行索取对账单，并有权要求对不符账务内容进行查询或改正；四是借记卡的挂失手续办妥后，持卡人不再承担相应卡账户资金变动的责任，司法机关、仲裁机关另有判决的除外；五是有权索取信用卡领用合约，并应妥善保管。第五十四条规定，持卡人的义务有：一是申请人应当向发卡银行提供真实的申请资料并按照发卡银行规定向其提供符合条件的担保；二是应当遵守发卡银行的章程及《领用合约》的有关条款；三是持卡人或保证人通信地址、职业等发生变化，应当及时书面通知发卡银行；四是不得以和商户发生纠纷为由拒绝支付所欠银行款项。

1974年英国《消费信用法》规定，作为发卡人要按照信用合同来提供信用，履行合同规定的权利与义务。信用卡发卡人不能以某种附加条件作为引诱来促使人们办理信用卡，并禁止发卡人用各种方式强迫小微企业个人与之订立信用卡交易合同。同时，英国《消费信用法》规定了信用卡持卡人发现信用卡对自己造成不便时，可以取消、停用信用卡，可以在银行每月将支付价金请求书送交持卡人时，更正请求书的错误。

（4）国内的信用卡。国内发行量较大的信用卡有中国工商银行牡丹信用卡、中国农业银行金穗信用卡、招商银行的一卡通、上海浦东发展银行的东方卡、广东发展银行的广发信用卡等。信用卡国际组织主要有维萨国际组织（VISA International）、万事达卡国际组织、大莱信用卡有限公司及美国运通国际股份有限公司（America Express）等专业信用卡公司。此外，还有中国的银联、欧洲的Europay公司及中国台湾地区联合信用卡中心等。

中国工商银行于1989年10月正式发行牡丹信用卡，其是国内发行较早、发卡量较大的信用卡。按信用等级可分普通卡及金卡；按发卡对象可分为商务卡与个人卡。根据《中国工商银行牡丹信用卡章程》的规定，持卡人要求交存一定金额的备用金，当备用金账户余额不足支付时，可在规定的信用额度内透支。几乎所有商业银行都开展自己的信用卡业务。中国建设银行的龙卡包括VISA卡、万事达卡、英特龙卡、国际卡等。中国银行的长城卡包括人民币信用卡与国际信用卡，人民币信用卡有单位卡与个人卡，国际信用卡按币种可以分为港币卡与美元卡，可以在全球256个国家和地区使用。

（二）小微企业法人信用档案

小微企业法人信用记录建立的关键是为每个小微企业法人建立信用档案。建立信用档案的工作通常是由个人征信局类的征信机构完成。在经济发达地区，当市场经济已经进入信用经济阶段时，当地个人征信机构会主动为当地所有的居民建立个人信用档案，以了解当地居民的信用价值，满足投放信用工具的需要。无论被记录的个人是否愿意，个人征信机构都会这样做。当然，个人征信机构的工作必须遵守相关法律的规定，保护被记录个人的隐私权，被记录的个人也不必支付费用。

对于小微企业法人个人而言，都希望建立良好的信用记录。拥有可以识别小微企业法人个人经济活动的个人账户就是建立良好的个人信用记录的开始。如果一个人从来没有使用过自己名字开设个人账户，自然不会有任何个人信用记录，也不可能建立良好的个人信用档案。个人账户的建立意味着承担相应的经济责任的开始，这需要从一点一滴做起。个人信用记录反映了个人的生活轨迹。

建立良好的小微企业法人信用记录的方法有多种。一是申请信贷或信用卡。在金融机构的消费信贷与信用卡账户是重要的小微企业法人账户。应学会如何在金融机构举债，并及时付费和履约。考虑到金融机构的实际运作情况，申请办理贷记卡类信用卡，是最便利的建立小微企业法人信用记录的方法。二是申请公用事业付费账户。是否足额按时支付电话费、水电费、网络宽带服务费、物业管理费等公用事业费，对个人信用记录有较大影响。因此，坚持足额按时付费，有利于建立良好的个人信用记录。三是注意公共记录上的负面信息。所谓“公共记录”，是指小微企业法人在社会上的违规违法记录，经济纠纷、司法诉讼、行政处罚等方面的记录以及小微企业在市场监管局、税务局等政府机构中的信用记录。公共记录一般只记录个人负面信息，聚众赌博、酗酒驾车、打架斗殴等行为都会记入公共记录，要时刻注意培养个人良好的道德修养与行为准则，杜绝此类事情发生。

二、小微企业法人信用记录

（一）小微企业法人信用记录的维护

当个人征信服务完善以后，各种授信活动都受到个人征信机构掌握的个人信用记录的影响，甚至包括就业、升学、出国、升职等与金融机构授信活动无关的事情，个人征信记录都可能发挥一定的作用。因此，如何对个人信用记录进行维护就成为一个重要问题。由于当事人拥有知情权，可以免费查询自己的个人信用记录，所以可以用定期查询解决维护问题。

1.定期查询可以及时了解自己的个人信用状况

征信机构建立的小微企业法人信用记录不是一成不变的，它是一个不断更新的记录。小微企业法人有必要及时了解自己的信用状况。如果小微企业法人对自己的个人或管理的小微企业信用负面记录不知情，在提出信用申请，如申请消费信贷时，便会受到拒绝，而且被拒绝的次数也会被记入个人信用档案。当个人被拒绝的次数较多时，就会影响下一次信用申请的结果，会引起接受信用申请的金融机构或商家的质疑，大大增加了信用申请被拒绝的可能性，形成个人信用申请—拒绝—再申请—再拒绝的恶性循环。

2.定期查询可以及时纠正个人征信机构工作上的失误

由于小微企业法人是一个非常庞大的群体，信用业务往往比较频繁，所以，个人征信机构、金融机构或者商家难免偶尔会出现小的失误。有可能误将一条负面信用信息加入到信用良好的小微企业法人信用报告之中。定期查询小微企业法人信用记录，可以及时发现错误，并向相关征信中心申请信用更正，也可向提供该记录的金融机构或商家申请更正，减少负面记录对个人不必要的伤害。

3.定期查询可以避免少数人别有用心的陷害

个人信用记录可以有效维护公平竞争的市场环境。相反，一些别有用心的人有可能使用陷害的办法打击竞争对手，如利用掌握的授信机构或经销商的便利制造负面信用记录植入竞争对手的个人信用记录中。定期查询可以及时发现和采取相应措施，避免少数人别有用心的陷害。

（二）小微企业法人信用记录的提升

小微企业法人信用记录对于发展经济具有重要意义。在信用经济条件下，小微企业法人信用记录已经成为小微企业法人个人的第二张身份证。健全的小微企业法人信用记录可以有效消除市场交易中的信息不对称，打击市场上经济失信行为，提高失信行为成本，大幅度提高赊销和授信成功率，提高授信机构的工作效率，成为失信惩罚机制的基础，有力地维护市场的公平竞争。

鉴于良好的小微企业法人个人信用记录的重要意义，应注意小微企业法人信用记录的提升。应从以下几个方面做起：

1.量力而行

不要申请超过个人、家庭或企业所能负担的信用额度，并根据自己的经济能力计划消费。在办理贷款或预借现金前，应先评估所需要支付的资金成本，把资金成本控制在自己所能接受的范围内。

2.及时付费

应养成及时还款、付费的消费习惯，牢记信用消费的最低缴款额及还款期限，以免造成延迟或付款不足，形成小微企业法人不良信用记录。

3.信用修复

当小微企业法人信用档案出现负面信用记录时，应直面和接受这种客观结果，并采取积极的措施，将负面影响减到最小程度，即执行“信用修复”措施，可以选择在不良信用记录下进行注释，解释产生不良信用记录的客观理由或以简洁的语言进行说明。这样至少表明自己的悔改之意，争取查阅报告的授信机构谅解。如果小微企业法人感觉自己经验不足、专业水平不够，或没有时间以及担心麻烦，可以聘请信用修复公司提供专业服务。信用管理专业人员不仅可以帮助小微企业法人修复信用记录，还可提供小微企业法人信用提升的专业指导与咨询，能够较好地发挥小微企业法人信用提升作用。但要注意没有人可以任意消除信用档案中的个人不良信用记录，不要听信夸夸其谈的骗子。

三、小微企业法人信用记录的应用

（一）小微企业法人信用记录的法律要求

信用经济发达国家大都制定了较完备的法律，以规范个人征信局的业务操作，避免对个人造成伤害，保护个人隐私及个人的生活不因错误的信用记录而受到干扰。例如：美国的信用管理法律分为信用投放法律和信用管理相关法律两部分。规范个人征信机构行为的法律被列入信用管理相关法律类别。征信机构进行信用信息采集、处理、存储及传播都必须遵守法律的规定，个人信用记录的使用范围与传播受到严格限制。

虽然个人信用记录受到法律的保护，但信用管理相关法律鼓励个人征信数据的开放，尤其是不保护个人信用记录中的负面记录，因为这样会对整个社会造成伤害。同时，法律维护信用投放的市场公平竞争，要求个人信用信息对个人征信机构开放。

（二）小微企业法人信用信息的采集要求

个人征信机构是以盈利为目的的，因此，个人信用信息的采集必须按照一定的要求进行，才能保护个人权益。具体内容如下：

1.遵守法律、法规

个人征信机构采集个人信用信息必须遵守信用管理相关法律法规，保护个人正当权益，防止具有不良目的之人利用个人信用信息行非法之事。

2.不做授信判断

授信与否是授信机构自己的事，个人征信机构仅提供基于事实的个人信用记录报告，不参与接受或拒绝信用申请人的决策。

3.只采集与个人信用有关的信息

个人征信机构只采集法律与行业规则允许的、与判断个人信用价值有关的个人信用信息，不得包含种族、宗教信仰、健康状况、政治倾向等涉及个人隐私的信息。

4.实事求是、客观公正

个人信用记录必须基于客观事实，保证记录的可靠性与真实性，反复查证，实事求是，保证个人征信机构的信誉。

5.及时更新，力求准确

个人信用记录要随着时间的推移，以个人经济活动为脉络，即时更新个人信用状况，力求准确反映个人信用的真实情况。

（三）小微企业法人信用记录的应用要求

1.合法用户

信用管理相关法律规定，个人征信机构制作的个人信用记录只能提供给法律规定的合法用户。根据美国1996年《公平信用报告法革新法》的相关规定，个人信用记录的合法用户包括：信用交易的交易双方、以了解岗位应聘者为目的的雇主、承做保险的保险公司、负责颁发各类执照或发放社会福利的政府部门、奉法院的命令或联邦大陪审团的传票依法催收债务的联邦政府有关部门、出于反间谍目的需要的联邦调查局、经当事人本人同意并书面委托的私人代表或机构。我国国务院于2013年1月颁布《征信业管理条例》，2014年6月发布《社会信用体系建设规划纲要（2014—2020年）》，中国人民银行负责为合法用户提供个人征信记录。使用个人信用记录的合法用户必须注意合法使用，不能任意扩散，否则，将承担相应的民事或刑事责任。

2. 订阅要求

个人信用记录的合法用户及当事人本人可以订阅个人信用记录。个人征信机构提供的个人信用记录一般有固定的版式，它不像企业信用记录那么复杂，检索点可以是个人信用档案号或其他唯一的个人识别号码，如身份证号。在信用记录中会有很多专用符号，描述了个人信用状况。个人征信机构依据法律制定业务流程，提供个人信用记录订阅服务，并受理相关申诉。美国个人征信局依据《公平信用报告法》，对客户提供一个流程类似的服务，个人每年可以免费从个人征信局获得一份当事人信用记录，包括最近3个月内的信用信息，如果当事人认为内容有误，可以提出申诉。对于个人提出的申诉，一般按三个步骤办理：一是个人申请查阅其个人的信用记录，二是提出申诉，三是提出再申诉，以保护个人权益，维护公平与公正。在我国，2015年年初8家机构获准开始个人征信业务的准备工作。中国人民银行可以为全社会提供个人信用报告（见表9-1）。个人信用报告是个人征信系统提供的最基础产品，它记录了客户与银行之间发生的信贷交易的历史信息。个人信用报告中的信息主要有六个方面：公安部门身份信息核查结果、个人基本信息、银行信贷交易信息、非银行信用信息、本人声明及异议标注和查询历史信息。公安部门身份信息核查结果实时来自于公安部门公民信息共享平台。本人声明是客户本人对信用报告中某些无法核实的异议所做的说明。异议标注是征信中心异议处理人员针对信用报告中的异议信息所做的标注或因技术原因无法及时对异议事项进行更正时所做的特别说明。查询历史展示何机构或何人在何时以何种理由查询过该人的信用报告。

表9-1 **个人信用报告（个人版）样本**

报告编号：　　查询时间：　　报告时间：

姓名：　　证件类型：　　证件号码：

信贷记录		
这部分包含您的信用卡、贷款和其他信贷记录。金额类数据均以人民币计算，精确到元		
信息概要		
信息类型	资产处置信息	保证人代偿信息
笔数		

项目	信用卡	住房贷款	其他贷款
账户数			
未结清/未销户账户数			
发生过逾期的账户数			
发生过90天以上逾期的账户数			
为他人担保笔数			

续表

资产处置信息
保证人代偿信息
信用卡
住房贷款
其他贷款
为他人担保信息
公共记录
这部分记录包含您最近5年内的欠税记录、民事判决记录、强制执行记录、行政处罚记录及电信欠费记录。金额类数据均以人民币计算，精确到元
欠税记录
民事判决记录
强制执行记录
行政处罚记录
电信欠费记录
查询记录
这部分包含您的信用报告最近两年内被查询的记录

资料来源　中国人民银行征信中心官网（www.pbccrc.org.cn）。

[本章小结]

本章从小微企业信用活动与小微企业法人信用管理两个方面分析了个人信用管理的内容。阐述了小微企业信用管理的概念、职能、目标及信用管理流程。分析了小微企业法人账户的重要性及信用卡沿革、种类、功能及发卡人与持卡人的权利与义务。强调了小微企业法人个人信用记录与定期查询的重要作用，描述了提升小微企业法人个人信用的方法以及个人信用记录使用过程中的法律要求、采集要求与应用要求。全面剖析了小微企业法人个人信用记录的建立、维护、提升以及应用的方法与过程。

[知识掌握]

1.名词解释

小微企业；小微企业信用管理；小微企业信用管理目标；小微企业法人信用管理；小微企业法人账户

2.单项选择题

（1）小微企业与大中型企业信用管理相同之处在于（　　）。

A.具有企业信用管理活动的共性　　　B.规模相同

C.行业相同　　　　　　　　　　　D.管理模式相同

（2）小微企业信用管理职能由信用管理（　　）决定。

A.目标　　　　B.标准　　　　C.活动　　　　D.内容

（3）小微企业法人信用管理是指信用机构将信用工具授给小微企业法人，用于（　　）的信用管理活动。

A.生产经营活动　B.家庭活动　　C.生产经营及家庭活动　D.社会活动

（4）小微企业法人账户不包括（　　）账户。

A.社保　　　　B.股票　　　　C.水电缴费　　　　D.超市会员

（5）建立信用档案的工作通常是由（　　）类的征信机构制作。

A.个人征信局　　B.学校　　　　C.企业　　　　D.行业协会

3.多项选择题

（1）小微企业法人信用信息的采集要求包括（　　）。

A.遵守法律、法规　　　　　　　B.不做授信判断

C.只采集与个人信用有关的信息　　D.及时更新，力求准确

（2）根据《银行卡业务管理办法》的规定，持卡人的权利有（　　）。

A.享有发卡银行对其银行卡所承诺的各项服务的权利

B.有权知悉其选用的银行卡的功能、使用方法、收费项目、收费标准、适用利率及有关的计算公式

C.有权在规定时间内向发卡银行索取对账单，并有权要求对不符账务内容进行查询或改正

D.借记卡的挂失手续办妥后，持卡人不再承担相应卡账户资金变动的责任，司法机关、仲裁机关另有判决的除外

E.有权索取信用卡领用合约，并应妥善保管

（3）建立良好小微企业法人信用记录的方法有（　　）。

A.申请信贷或信用卡　　　　　　B.申请公用事业付费账户

C.注意公共记录上的负面信息　　　D.其他

（4）定期查询小微企业法人信用记录的好处有（　　）。

A.及时了解自己个人信用状况　　　B.及时纠正个人征信机构工作上的失误

C.避免少数人别有用心的陷害　　　D.其他

（5）小微企业信用管理流程包括（　　）。

A.小微企业客户信息收集　　　　　B.建立小微企业信用档案

C.大数据分析建立小微企业信用报告　D.提供综合服务方案

4.判断题

（1）小微企业规模及经济实力相对较强，具备建立企业自身大型信用管理数据库的条件。（　　）

（2）确定客户的商业信用条件，包括商业信用的形式、期限、金额等是小微企业信用管理职能。（　　）

（3）小微企业信用管理由企业自身信用管理及企业法人信用管理组成。（　　）

（4）小微企业是小型企业、微型企业、家庭作坊式企业的统称。（　　）

（5）小微企业信用管理无多大意义。（　　）

5.思考题

（1）信用卡的种类有哪些?

（2）定期查询小微企业法人个人信用记录有什么作用?

（3）提升小微企业法人信用的方法是什么?

［知识应用］

☐ 案例分析

信用烧烤店

星火公司员工举办金秋烧烤游园活动。由于正值旅游旺季，公园里游人如织，烧烤店人满为患，库存烧烤炉不够用。公司员工甲灵机一动，向烧烤店老板建议可否由其自己掏腰包购烧烤炉，得到同意，但要求每个烧烤炉交15元的占地费。员工甲立即到公园外的百货公司购烧烤炉，不料公园门卫拒绝员工甲入内，理由是公园有制度规定不准游客自带烧烤炉入内进行烧烤活动，以维护公园利益。员工甲告诉公园门卫事先已征得烧烤店老板同意。公园门卫解释说：烧烤店承包给私人经营，而且烧烤店老板应该知道公园的管理制度，其同意无效，所以公园门卫仍坚持拒绝员工甲入内。恰好此时另外一些游客让出三个烧烤炉，才解了星火公司员工的燃眉之急。

天色已晚，星火公司员工金秋烧烤游园活动进入尾声。负责结账的员工乙为节约开支，与烧烤店老板协商，由星火公司员工收集烧烤活动中的啤酒瓶，以每个啤酒瓶4角钱计算卖给烧烤店。烧烤店老板一口答应，并讲有多少要多少。不料，当员工们辛辛苦苦地将啤酒瓶收集整理完放到烧烤店门口后，老板却不要了。星火公司员工是乘公共汽车到公园的，即使员工愿意将啤酒瓶带走，也无法上公共汽车，如果采取其他处理方法，更是费时费力，得不偿失，无奈，只好将啤酒瓶留在了烧烤店门口，匆匆离去。

要求：请根据案例的内容，运用所学的信用管理相关知识，分析烧烤店（小微企业）老板个人信用问题以及解决问题的对策。

资料来源 编者根据信用管理实训教学实践资料整理。

☐ 实践训练

主题：诚信文化研究会

内容与提要：

（1）学生以5人为一个小组；

（2）事先对一家小微企业进行调研；

（3）通过本课程所学习的内容，分别对该企业的诚信文化建设内容及相关制度进行分析，并与其他企业进行对比。

成果检验：

（1）召开小微企业诚信文化专题研讨会；

（2）各组分别将调研小微企业诚信文化的调研报告进行分享与展示；

（3）指出不同行业的小微企业在诚信文化上的区别，并进行对比研讨。

第10章 企业信用管理中的相关法律问题

[学习目标]

通过本章的学习，你应该达到以下目标：

知识目标：

1. 了解企业信用管理中合同、担保、结算的相关法律问题，银行结算账户的种类，破产申请主体，了解我国与信用相关的立法情况。

2. 熟悉企业的合同订立和履约程序及各担保方式的适用范围、现金结算范围及限额、支付结算的方式及办理支付结算的基本要求、破产申请与受理等内容。

3. 掌握合同法、担保法、破产法的概念，掌握合同订立的程序、合同的效力、担保方式、和解协议的法律效果等。

技能目标：

1. 初步具备分析不同类型合同法律特征的实践能力。

2. 能够深入理解破产清算程序、和解程序、重整程序中涉及的概念与基本制度。

3. 能够对引起合同效力的不同原因进行分析，对各种合同的效力进行判定和比较。

[内容架构]

企业信用管理中的相关法律问题

- 订立和履行合同中的法律问题
  - 合同概述
  - 合同的订立
  - 合同的效力
  - 合同的履行
  - 合同的变更、转让与终止
- 担保中的法律问题
  - 担保的概念
  - 担保的性质
  - 担保的方式
- 结算中的法律问题
  - 现金结算
  - 支付结算
  - 银行结算账户
- 客户破产的法律问题
  - 破产法概述
  - 破产申请
  - 破产受理
  - 债权人会议
  - 和解
  - 重整
  - 破产程序的终结
- 我国企业信用监管法律制度的相关立法情况
  - 国家行政法规、政策和规章制度
  - 相关的地方法规

案例导入

典型案例：合同法“诚信原则”违反不得

某建筑公司（下称建筑公司）因急需河沙，于20××年9月10日与某建筑材料公司（下称材料公司）签订了一份合同，约定建筑公司购买材料公司河沙30车，每吨价格300元，合同订立一个月以后，由材料公司送货，货到付款。没想到合同订立后，河沙的市场价从每吨300元涨到350元，材料公司经理李某觉得按原价供货吃亏，不愿如数供货，于10月12日向建筑公司提出因货源紧张要求少供货。建筑公司不肯。李某在次日安排2辆（其中1辆是借用的外单位车）“130型”货车装沙（每车装载2吨），送到建筑公司，并要求以后均以“130型”车载重量为标准计算交货数量。建筑公司认为材料公司的做法不合理，提出应按照交易习惯以“东风牌”大卡车载重量作为计算标准，每车装载4吨，共120吨。为此，建筑公司向法院起诉，认为材料公司已构成故意违约，应承担违约责任。材料公司则提出，双方对交货数量的计算标准发生重大误解，因此应当撤销该合同。请问，材料公司的说法对吗？

资料来源　王利明.典型案例：合同法“诚信原则”违反不得［EB/OL］.［2020-01-20］. http://wenku.baidu.com/view/d2d2c586bcebl9e8b8f6ba00.html.有删改。

启示：由于合同本身对30车河沙究竟是用什么型号的车装载约定得不清楚，而两种车辆的载重量又相差一倍，因此究竟应该以何种标准计算交货数量，是本案争议的焦点。材料公司在合同未明确规定30车河沙计量标准的情况下，应当按诚实信用原则考虑合理计量标准。从本案来看，材料公司的行为违反了诚实信用原则。“车”的计量标准应该是“东风牌”大卡车。

10.1　订立和履行合同中的法律问题

一、合同概述

（一）合同的概念

合同，又称契约、协议，是平等主体的自然人、法人、其他组织之间设立、变更、终止民事权利义务关系的协议。合同作为一种民事法律行为，是当事人协商一致的产物，是两个以上的意思表示相一致的协议。只有当事人作出的意思表示合法，合同才具有国家法律约束力。依法成立的合同从成立之日起生效，具有国家法律约束力。《中华人民共和国民法总则》第一百一十九条规定：依法成立的合同，对当事人具有法律约束力。《中华人民共和国合同法》（以下简称《合同法》）第二条规定：合同是平等主体的自然人、法人、其他组织之间设立、变更、终止民事权利义务关系的协议。婚姻、收养、监护等有关身份关系的协议，适用其他法律的规定。

（二）合同的内容

合同的内容，即合同当事人订立合同的各项具体意思表示，体现为合同的各项条款。依据《合同法》的规定，在不违反法律强制性规定的情况下，合同的内容由当事人约定。

合同的内容一般包括以下条款：①当事人的名称或者姓名和住所；②标的，即合同双方当事人权利义务所共同指向的对象；③数量；④质量；⑤价款或者报酬；⑥履行期限、地点和方式；⑦违约责任；⑧解决争议的方法。

（三）合同的形式

合同的形式，是指合同当事人意思表示一致的外在表现形式。

1.口头形式

口头形式的合同，简称口头合同，是指当事人只以口头意思表示达成协议的合同。口头合同简便易行，在日常生活中广泛运用。但是，口头合同在发生纠纷时难以取证，不易分清责任。对于不及时结清的和较重要的合同，不宜采用口头形式。

2.书面形式

书面形式是指合同书、信件以及数据电文（包括电报、电传、传真、电子数据交换和电子邮件）等可以有形地表现所载内容的形式。当事人协商同意的有关修改合同的文书、电报和图表，也是合同的组成部分。书面合同较口头合同复杂，在当事人发生纠纷时举证方便，容易分清责任，也便于主管机关和合同管理机关监督、检查。法律、行政法规规定采用书面形式的，应当采用书面形式。当事人约定采用书面形式的，应当采用书面形式。在实践中，书面形式是当事人最为普遍采用的一种合同约定形式。

3.其他形式

除了口头形式和书面形式，合同还可以以其他形式成立。法律没有列举具体的“其他形式”，但可以根据当事人的行为或者特定情形推定合同的成立。这种形式的合同可以称为默示合同，指当事人未用语言或文字明确表示意见，而是根据当事人的行为表明其已经接受或在特定的情形下推定成立的合同。

［例10-1］夏华企业与鲁银企业达成口头协议，由鲁银企业在半年之内供应夏华企业煤炭400吨。两个月后，鲁银企业以煤炭价格过低为理由要求加价，并且提出，如果夏华企业同意，双方立即签订书面合同，否则，鲁银企业将不能按期供货。夏华企业表示反对，并声称，如果鲁银企业到期不履行协议将诉至法院。试分析：在本案中双方当事人签订的合同有无法律效力？为什么？

解：双方当事人签订的口头合同具有法律约束力。依据《合同法》的规定，当事人订立合同可以采用口头形式，但法律、行政法规规定采用书面形式的，应当采用书面形式。本案中双方的合同属于买卖合同，买卖合同在《合同法》中属于不要式合同，不采取书面形式对买卖合同效力没有影响。依据《合同法》第四十四条的规定，依法成立的合同，自成立之日起生效。本案中双方当事人之间的买卖合同已属于生效的买卖合同，双方当事人应按照《合同法》的规定，履行自己的合同义务。

二、合同的订立

合同的订立是指合同当事人就合同的内容达成一致的过程。合同的订立不同于合同的成立，合同成立是合同订立的后果。

《合同法》规定：“当事人订立合同，采用要约、承诺方式。”即合同订立的程序包括要约和承诺两个步骤。

1.要约

《合同法》规定："要约是希望和他人订立合同的意思表示。"要约是特定的人作出的意思表示，特定人包括自然人、法人等民事主体及其代理人，发出要约的人是要约人，接收要约的人是受要约人。

（1）要约的生效时间。要约的生效时间关系到要约从什么时间对要约人产生约束力和承诺期限的问题，而不同的要约形式其要约的具体时间也有所不同：口头形式的要约，要约发出的当时即为到达。书面形式的要约，该要约到达受要约人所能控制的地方就生效。数据电文形式的要约，收件人指定特定系统接收数据电文的，该数据电文进入该特定系统的时间，视为到达时间；未指定特定系统的，该数据电文进入收件人的任何系统的首次时间，视为到达时间。当事人对该意思表示的生效时间另有约定的，按照其约定。

[例 10-2] 李某以信件形式向王某发出要约，8月3日，李某将信件投入邮箱；邮局加盖8月5日邮戳发出；8月7日，信件送达王某家中；王某因事外出，直至8月13日才知悉信件内容。根据《合同法》的规定，该要约的生效时间为（　　）。

A.8月3日　　B.8月5日　　C.8月7日　　D.8月13日

解：答案C选项，要约到达受要约人时生效，8月7日信件送达王某家中，要约生效。

（2）要约的撤回和撤销。要约的撤回是指要约人在要约生效前收回要约，使要约不发生法律效力。撤回要约的通知应当在要约到达受要约人之前或与要约同时到达受要约人。在要约人发出要约但未到达受要约人之前，要约人可以撤回或修改要约的内容。

要约的撤销是指在要约生效后，要约人使其丧失法律效力的意思表示。撤销包括全部内容的撤销，也包括部分内容的变更。撤销要约的通知应当在受要约人发出承诺通知之前，由于撤销要约是收回了一个已经生效的要约，因此法律对撤销要约有所限制。根据《合同法》的规定，在以下情况下，要约不得撤销：第一，要约人确定了承诺期限。例如，要约中规定"1月31日后本要约失效""3个工作日内"。第二，要约中明示要约不可撤销。例如，要约中写明"我将保持要约中的各项条件不答复有效"等。第三，受要约人有理由相信要约是不可撤销的，并已经为履行合同做了准备工作，如"购买原材料"，就可认定为有理由认为要约为不可撤销。

（3）要约的失效。要约的失效是指要约失去法律效力。要约失效主要包括以下几种情况。第一，要约规定的承诺期限届满，受要约人未作出承诺，则要约效力消灭。第二，要约被依法撤回或撤销。第三，受要约人拒绝要约，原要约因受要约人的拒绝而失效。第四，受要约人对要约的内容作出实质性变更使要约失效，该变更的性质是受要约人对要约人发出新要约。

[例 10-3] 厦华公司于4月8日向力达公司发出签订合同的要约信函。4月11日，力达公司收到厦华公司声明该要约作废的传真。4月12日力达公司收到该要约的信函。依据《合同法》的规定，厦华公司发出传真声明要约作废属于以下哪种行为：要约撤回、要约撤销、要约生效、要约失效。

解：本例中，厦华公司发出传真声明要约作废的行为属于要约撤回。依据《合同法》第十六条、第十七条的规定：要约到达受要约人时生效。要约可以撤回。撤回要约的通知应当在要约到达受要约人之前或者与要约同时到达受要约人。

2.承诺

承诺是指受要约人同意接受要约的全部条件以缔结合同的意思表示，即承诺是接受一份有效要约。

（1）承诺的生效时间。承诺的生效时间与要约的生效时间一样，到达即生效。由于承诺是对一份有效要约的接受，承诺生效，意味着双方完成了合同订立程序，合同成立，即合同到达要约人时生效，合同就此成立。

（2）承诺的撤回。承诺的撤回是指受要约人在承诺生效前收回承诺。根据《合同法》的规定，承诺可以撤回。撤回承诺的通知应当在承诺通知到达要约人之前或者与承诺通知同时到达要约人。承诺不能撤销。如前所述，承诺到达即生效，此时双方合同已经成立，受要约人不能再收回承诺。

［例10-4］2020年3月20日，某超市想要购进一批毛巾，于是向几家毛巾厂发出电报，称：本超市欲购进毛巾，如果有全棉新款，请附图样与说明，我商场将派人前往洽谈购买事宜。有几家毛巾厂回电称能满足该超市的要求，并且附上了图样与说明。其中甲毛巾厂寄送了图样和说明后，又送了100条毛巾到该超市，超市看货后不满意，于是决定不购买甲厂的毛巾。甲厂认为超市发出的电报是要约，其送毛巾的行为是承诺，合同因为承诺而生效。超市拒绝购买是违约行为，应该承担违约责任。而超市认为其发出电报行为是一种要约邀请而不是要约，超市不受该行为约束。试分析，超市发出的电报属于要约还是要约邀请？

解：本例中，这份电报由超市发出，属于由“特定的人”发出。但是，根据这份电报的内容判断，其不具备一个合同应该具备的主要条款。

三、合同的效力

合同成立之后，既可能因符合法律规定而生效，也可能因违反法律规定或意思表示不完全而无效、可变更或可撤销。合同的效力是指已经成立的合同对合同当事人具有法律约束力，即法律效力。

（一）合同的生效

合同生效是指依法成立的合同具有法律效力。《合同法》规定：“依法成立的合同，自成立时生效。法律、行政法规规定应当办理批准、登记等手续生效的，依照其规定。”附生效条件的合同，自条件成就时生效；附解除条件的合同，自条件成就时失效。附生效期限的合同，自期限届满时生效；附解除期限的合同，自期限届满时失效。

［例10-5］对于房屋买卖合同，如甲将房屋卖与乙，乙交款入住，但未办理过户登记手续，则此合同是否生效？所有权是否发生转移？

解：根据我国《合同法》的规定，买卖合同属于诺成性合同，自买卖双方达成合意起合同开始生效。当然，房屋买卖合同也不例外。本例中，甲已将房屋卖与乙，乙也根据合同的规定交款并入住，显然双方的买卖合同已生效。但是不动产的买卖又不同于动产的买卖，因为不动产的公示方式应以登记为准，如果房屋买卖没有经过登记则不发生物权转移的效力。所以，房屋买卖合同的生效并不必然产生房屋所有权转移的法律后果。

（二）合同的无效和可撤销

1.无效合同

无效合同是指合同虽然成立，但因其违反法律、行政法规、社会公共利益，因而不发生法律效力。当事人在订立无效合同后，不得依据合同实际履行，也不承担不履行合同的违约责任。无效合同违反了法律的规定，国家不予承认和保护。一旦确认为无效合同，从订立之日起就不具有法律约束力，以后也不能转化为有效合同。《合同法》规定了导致合同无效的五种情形：一方以欺诈、胁迫的手段订立合同，损害国家利益的；恶意串通，损害国家、集体或者第三人利益的；以合同形式掩盖非法目的的；损害社会公共利益的；违反法律、行政法规的强制性规定的。

［例 10-6］2019 年 3 月 30 日，某县先锋村与该村“豆腐大王”蒋刚签订承包合同，将只承包给本村队员的村属春光豆制品厂交由蒋刚承包。合同规定：承包期限为 1 年，自 2019 年 4 月 1 日至 2020 年 3 月 31 日；蒋刚要向先锋村交纳承包费 18 000 元。蒋刚在经营了春光豆制品厂一个半月后，便将此豆制品厂交给了他的一个外地亲戚以他的名义经营管理；而蒋刚本人则在他处受聘。先锋村发现此情况后，便向蒋刚提出解除合同。蒋刚表示反对，仍要求继续承包。双方经多次协商未成，先锋村遂诉至法院，要解除与蒋刚所签订的承包合同，并要求蒋刚交纳其承包期间的承包利润。试分析此案例。

解：本案例当事人蒋刚在与先锋村订立承包合同时，隐瞒了自己的真实意图，采取了欺骗手法，所以蒋刚与先锋村的承包合同违背了真实意思表示这一有效要件，故该合同无效。应作如下处理：①先锋村与蒋刚所签订的承包合同宣布无效；②蒋刚承包经营期间的利润归先锋村所有，抵偿先锋村所受的经济损失。

2.可变更、可撤销的合同

可变更、可撤销的合同，是指合同欠缺意思表示真实的生效条件，因此，受影响的当事人（撤销权人）有权要求法院变更或撤销该合同。根据《合同法》的规定，可变更、可撤销的合同主要包括以下种类：

重大误解订立的合同。这是指当事人在订立合同时对当事人、合同标的物的性质、数量、质量等重要内容产生误解。

显失公平的合同。这是指当事人一方在时间紧迫或缺乏经验的情况下订立的权利和义务明显对自己有重大不利的合同。因此，当事人双方的权利和义务极不对等，经济利益上不平衡，违反了公平合理原则。法律规定显失公平的合同应予撤销，这是公平原则的具体体现。

欺诈、胁迫订立的损害他人利益的合同。所谓欺诈，就是故意隐瞒真实情况或者故意告知对方虚假的情况，欺骗对方，诱使对方作出错误的意思表示而与之订立合同。所谓胁迫，是指行为人以将要发生的损害或者以直接实施损害相威胁，使对方当事人产生恐惧而与之订立合同。欺诈、胁迫订立的合同，被影响一方意思表示不真实，如此类合同没有损害国家利益，则属于可变更、可撤销的合同。

乘人之危订立的合同。这是指一方当事人趁对方当事人处于危难之际，为牟取不正当利益，迫使对方违背自己的真实意愿而订立合同。在合同被变更或撤销之前，该合同有效；在撤销权人行使撤销权后，合同自始不发生法律效力，撤销权人应在知道或应当知道撤销事由之日起一年之内行使撤销权，否则，撤销权消灭。

3.效力待定的合同

效力待定的合同，是指合同欠缺有效条件，能否发生当事人预期的法律效力尚未确定，只有经过有权人的追认，才能化欠缺有效要件为符合有效要件，发生当事人预期的法律效力，有权人在一定期间内不予追认，合同归于无效。

四、合同的履行

合同的履行是指当事人在合同生效后履行合同及《合同法》的相关义务，实现合同权利的过程。合同的履行是订立合同的根本目的。

（一）合同履行的原则

合同履行的原则是双方当事人在履行合同过程中必须遵守的。

全面履行原则，又称“正确履行原则”或“适当履行原则”，是指当事人按照合同规定完成合同义务的履行原则。

协作履行原则，是指当事人不仅适当履行自己的合同债务，而且应基于诚实信用原则要求协助对方当事人履行其债务的履行原则。

（二）合同履行中的抗辩权

法律意义上的抗辩，是指义务人对抗权利人的履行请求并说明理由。抗辩权是指债权人行使债权时，债务人根据法定事由对抗债权人行使请求权的权利。抗辩权以法律规定的抗辩事由为依据，以对方当事人请求权的存在和有效为前提，这一权利的行使可以造成对方请求权的消灭或者使其效力延期发生。履行合同的抗辩权是指在符合法定条件时，一方当事人对抗对方当事人要求履行合同的请求权，暂时拒绝履行其合同债务的权利。根据产生的条件和后果，合同履行中的抗辩权包括以下三种类型：

1.同时履行抗辩权

履行抗辩权是指在双务合同中没有规定先后履行顺序，合同一方当事人在对方未履行或者未适当履行合同义务之前，有权拒绝履行自己的合同义务。根据《合同法》第六十六条的规定：“当事人互负债务，没有先后履行顺序的，应当同时履行。一方在对方履行之前有权拒绝其履行要求。一方在对方履行债务不符合约定时，有权拒绝其相应的履行要求。”

2.先履行抗辩权

根据《合同法》第六十七条的规定：“当事人互负债务，有先后履行顺序，先履行一方未履行的，后履行一方有权拒绝其履行要求。先履行一方履行债务不符合约定的，后履行一方有权拒绝其相应的履行要求。”

3.不安抗辩权

不安抗辩权是指在双务合同中，合同约定了先后履行顺序。先履行一方当事人有确切证据证明对方当事人丧失履行债务能力时，有中止履行合同义务的权利。根据《合同法》第六十八条的规定：“应当先履行债务的当事人，有确切证据证明对方有下列情形之一的，可以中止履行：（一）经营状况严重恶化；（二）转移财产、抽逃资金，以逃避债务；（三）丧失商业信誉；（四）有丧失或者可能丧失履行债务能力的其他情形。当事人没有确切证据中止履行的，应当承担违约责任。”可见，先履行一方负有举证义务。《合同法》第六十九条规定：“当事人依照本法第六十八条的规定中止履行的，应当及时通知对方。”

五、合同的变更、转让与终止

（一）合同的变更

合同的变更有广义和狭义之分。广义的合同变更，包括合同内容的变更与合同主体的变更。狭义的合同变更仅指合同内容的变更。《合同法》第七十七条规定："当事人协商一致，可以变更合同。法律、行政法规规定变更合同应当办理批准、登记手续的，依照其规定。"如果当事人在合同中约定了合同的变更须采取特定的方式，如书面形式，当事人必须遵守约定。合同中未变更的内容和权利义务继续有效，已经履行的债务仍然有效。

（二）合同的转让

合同的转让是指在合同依法成立后，不改变合同的内容，仅改变合同主体，即合同当事人依法将其合同债权和债务全部或部分转让给第三方的行为。合同转让的种类：

1.合同权利的转让

合同权利的转让，是指不改变合同权利的内容，由债权人将权利转让给第三人的行为。债权人可以将合同权利全部转让，也可以将合同权利部分转让。

2.合同义务的转移

合同义务的转移，是指合同中的债务人将自己应履行的义务转移给第三人的行为。债务人可以将合同义务全部转移，也可以将合同义务部分转移。

3.合同权利义务的全部转让

合同权利义务的全部转让，是指原合同的一方当事人经对方同意，将其合同权利和义务一并出让给合同外第三人的情形。

（三）合同的终止

合同的终止是指合同当事人之间的权利和义务的消灭。《合同法》第九十一条规定，有下列情形之一的，合同的权利义务终止：债务已经按照约定履行；合同解除；债务相互抵销；债务人依法将标的物提存；债权人免除债务；债权债务同归于一人；法律规定或者当事人约定终止的其他情形。

另外，债权人免除债务人部分或全部债务的，合同的权利义务部分或者全部终止；债权和债务同归于一人的，合同的权利义务终止，但涉及第三方利益的除外。合同的权利义务终止后，当事人应当遵循诚信原则，根据交易习惯履行通知、协助、保密等义务。合同的权利义务终止，不影响合同中结算和清理条款的效力。

10.2 担保中的法律问题

一、担保的概念

担保是指当事人根据法律规定或者双方约定，为促使债务人履行债务实现债权人的权利的法律制度。按照法律规定或者当事人约定设立的措施，在合同约定的履行期限届满，债务人不履行合同义务时，债权人可通过担保制度实现或保障自己的债权，又称债权担保。通常由当事人双方订立担保合同。担保活动应当遵循平等、自愿、公平、诚实信用的原则。根据最高人民法院《关于适用<中华人民共和国担保法>若干问题的解释》的规定，当事人对由民事关系产生的债权，在不违反法律、法规强制性规定的情况下，以《中华人民共和国担保法》（以下简称《担保法》）规定的方式设定担保的，可以认定为有效。因此，可以设定担保的债权除了合同债权之外，还包括其他民事关系产生的债权。由此可见，担保是从属于主债权而存在的，对债权人实现权利具有补充作用，通常在所担保的债务未得到履行时，债权人才行使相关担保权利。

二、担保的性质

1. 从属性

被担保的合同是主合同，担保合同是从合同，主合同无效，担保合同自然也无效。担保合同中当事人另有约定的，按其约定。

2. 补偿性

只有在其所担保的合同不履行或者不能履行时，才能执行担保财产。从对债权的清偿来说，主债的顺序在先，担保关系在后。补充义务并不要求实际履行，随主债终止而消灭。

3. 相对独立性

担保关系与其所担保的债务关系是不同的法律关系。

三、担保的方式

担保的方式是指《担保法》规定的担保权责实现的方式，包括保证、抵押、质押、留置和定金五种方式（如图10-1所示），抵押、质押、留置属于物权担保，定金属于资金的担保。留置是法定担保方式，即债权人依照法律规定行使留置权，无须当事人之间约定。其他四种担保方式需由当事人之间约定，是协议的担保方式。

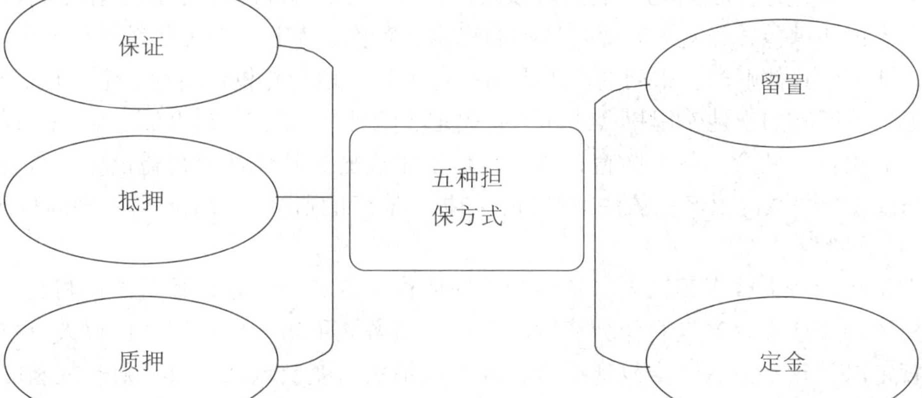

图10-1　担保方式

（一）保证

保证是指第三人和主合同的债权人约定，当债务人不履行债务时，由第三人按照约定履行债务或者承担责任的行为。其中，为债务人的债务履行作担保的第三人称为保证人，被担保的债务人称为被保证人。保证的内容包括：被保证的主债权种类、数额；债务人履行债务的期限；保证方式；保证担保的范围；保证的期间；双方认为需要约定的其他事项。

根据《担保法》的规定，具有代为清偿债务能力的法人、其他组织或者公民，可以作为保证人。国家机关、学校、幼儿园、医院等以公益为目的的事业单位、社会团体，企业法人的分支机构、职能部门，不得作为保证人。但是，经国务院批准为使用外国政府或者国际经济组织贷款进行转贷的，国家机关可以做保证人；企业法人的分支机构有法人书面授权的，可以在授权范围内提供保证。

保证人在约定的保证担保范围内承担保证责任。保证担保的范围包括主债权及利息违约金、损害赔偿金和实现债权的费用。保证合同另有约定的，按照约定。当事人对保证担保的范围没有约定或者约定不明确的，保证人应对全部债务承担保证责任。同一债务有两个以上保证人的，保证人应当按照保证合同约定的保证份额，承担保证责任，没有约定保证份额的，保证人承担连带责任，债权人可以要求任何一个保证人承担全部保证责任，保证人都负有担保全部债权实现的义务。已经承担保证责任的保证人，有权向债务人追偿，或者要求承担连带责任的其他保证人清偿其应承担的份额。同一债权既有保证又有物的担保的，保证人对物的担保以外的债权承担保证责任。

（二）抵押

抵押是指债务人或者第三人不转移抵押财产的占有，将抵押财产作为债权的担保。当债务人不履行债务时，债权人有权依照《担保法》的规定以抵押财产折价或者以拍卖、变卖该财产的价款优先受偿。抵押人只能以法律规定可以抵押的财产提供担保，抵押所担保的债权不得超出其抵押物的价值。财产抵押后，该财产的价值大于所担保债权的余额部分，可以再次抵押，但不得超出其余额部分。

根据《担保法》的规定，下列财产可以用于抵押：抵押人所有的房屋和其他地上定着物；抵押人所有的机器、交通运输工具和其他财产；抵押人依法有权处分的国有的土地使用权、房屋和其他地上定着物；抵押人依法有权处分的国有机器、交通运输工具和其他财产；抵押人依法承包并经发包方同意抵押的荒山、荒沟、荒丘、荒滩等荒地的土地使用权；依法可以抵押的其他财产。下列财产不得用于抵押：土地所有权；耕地、宅基地、自留地、自留山等集体所有的土地使用权（法律另有规定者除外）；学校、幼儿园、医院等以公益为目的的事业单位、社会团体的教育设施、医疗卫生设施和其他社会公益设施；所有权、使用权不明或者有争议的财产；依法被查封、扣押、监管的财产；依法不得抵押的其他财产。

（三）质押

质押是指债务人或者第三人将其动产移交债权人占有，或者将其财产权利交由债权人控制，将该动产或者财产权利作为债权的担保。债务人不履行债务时，债权人有权依照担保法的规定以该动产或者财产权利折价，或者以拍卖、变卖该动产或者财产权利的价款优先受偿。其中用于担保的财产称为质物，提供特定财产以供担保的债务人或者第三人为出质人，享受质权的债权人为质权人。

质押包括动产质押和权利质押两种。动产质押是指债务人或者第三人将其特定动产移交债权人占有，将该动产作为债权的担保。权利质押是指债务人或第三人将其特定的权利凭证交付给债权人占有作为履行债务的担保。债务人或第三人提供的特定权利称为质押的权利。质押的权利有以下几类：汇票、本票、支票、债券、存款单、仓单、提单；依法可以转让的股份、股票；依法可以转让的商标专用权、专利权和著作权中的财产权；依法可以质押的其他权利。

［例10-7］2018年10月15日上午，某地的张三在电话中骗异地的李四称自己有一部小汽车，商量以车为质押物向李四借款周转。当天下午，张三以每天300元的租金向该县一汽车租赁有限公司租了一辆“帕萨特”小汽车（价值16万元，未约定租期）。将车租来后，张三以该车为质押物向李四借款8万元，约定5日内归还所借款项、每日利息1 000元。在向李四借款时，张三骗李四说该车系自己的私家车，并将车钥匙及行驶证连同车辆交给李四作为质押物。过后，张三将借来的8万元悉数花光。因无法筹集到钱还给李四，该车一直质押在李四手上。10月25日，李四多次向张三催讨欠款，张三均称无力还款。请问：李四是否取得该车的质押权？

解：因张三抵押给李四的小汽车是租借来的，张三只有使用权。但张三却骗李四说该车是自己的私家车。因法律规定“所有权、使用权不明或者有争议的财产不得抵押”，只有确属于自己的财产才能作为抵押的标的物。因张三不是善意取得抵押权，按法律规定，抵押合同无效，李四不能取得该车的质押权。

（四）留置

留置是指在保管合同、运输合同、加工承揽合同中，债权人依照合同约定占有债务人的动产，债务人不按照合同约定的期限履行债务的，债权人有权依照《担保法》规定留置该财产，以该财产折价或者以拍卖、变卖该财产的价款优先受偿。

根据《担保法》的规定，因保管合同、运输合同、加工承揽合同发生的债务纠纷，债务人不履行债务的，债权人有留置权。债权人为留置权人，其占有的动产为留置财产。与其他担保形式相比，留置权在性质上属于法定担保。债权人与债务人应当在合同中约定，债权人留置财产后，债务人应当在不少于2个月的期限内履行债务。未约定的，债权人留置后，应当确定2个月以上的期限，通知债务人在该期限内履行债务。债务人仍不履行的，债权人可以与债务人协议以留置物折价，也可以依法拍卖、变卖留置物，所得价款超过债权数额的部分归债务人所有，不足部分由债务人清偿。

［例10-8］黄某将一幅价值6万元的名画送到某装裱店装裱，由于黄某未按期付给装裱店费用，装裱店通知黄某在30日内支付装裱费用，但黄某仍未按期支付。装裱店将该画变卖，扣除了黄某支付的费用后，将其差额退还给黄某。请问：装裱店变卖名画的行为是否合法？

解：装裱店变卖名画的行为不合法。按《物权法》的规定，装裱店对名画有留置的权利。但该变卖行为应当请求人民法院执行，装裱店没有直接变卖的权利。

（五）定金

定金是指合同当事人一方为了担保合同的履行，预先支付另一方一定数额的金钱的行为。债务人履行债务后，定金应当抵作价款或者收回。给付定金的一方不履行合同约定的债务的，无权要回定金；收受定金的一方不履行合同约定的债务的，应当双倍返还定金。定金应当以书面形式约定。定金数额由当事人约定，但不得超过主合同标的额的20%。

［例10-9］甲公司与乙公司于2018年10月签订一买卖钢材的合同，总价值13万元，并约定甲公司于2019年12月底前交付货物，乙公司向甲公司支付了2.5万元的定金。合同签订后，钢材价格急剧上涨，甲公司受利益驱动，虽经乙公司多次催促，直至合同履行期满仍未交货。于是，乙公司要求甲公司返还定金。请分析：（1）甲公司和乙公司约定的定金是否有效？（2）乙公司可以向甲公司请求返还多少金额？

解：(1) 甲、乙两公司约定的定金2.5万元合法有效。根据我国《担保法》的有关规定，当事人可以约定一方向对方给付定金作为债权的担保，定金的数量由当事人约定，但不得超过主合同标的总额的20%。在本案例中，甲、乙两公司在签订买卖钢材的合同中约定以定金作为担保，且约定定金的金额为2.5万元，未超过主合同标的13万元的20%，故合法有效。(2) 乙公司可以请求甲公司返还定金5万元。《担保法》第八十九条规定："当事人可以约定一方向对方给付定金作为债权的担保。债务人履行债务后，定金应当抵作价款或者收回。给付定金的一方不履行约定的债务的，无权要求返还定金；收受定金的一方不履行约定的债务的，应当双倍返还定金。"在本案例中，甲公司收受乙公司定金2.5万元后，不履行约定的义务，应双倍返还乙公司定金5万元。

10.3 结算中的法律问题

一、现金结算

(一) 现金结算的概念

现金结算是指在商品交易、劳务供应等经济往来中，直接使用现金进行应收应付款结算的一种行为。在我国主要适用于单位与个人之间的款项收付，以及单位之间的转账结算起点金额以下的零星小额收付。

(二) 现金结算的范围

开户单位之间的经济往来，必须通过银行进行转账结算。根据《现金管理暂行条例》的规定，开户单位可以在下列范围内使用现金：职工工资、津贴，个人劳务报酬；根据国家规定颁发给个人的科学技术、文化艺术、体育等各种奖金；各种劳保、福利费用以及国家规定的对个人的其他支出；向个人收购农副产品和其他物资的价款；出差人员必须随身携带的差旅费；结算起点以下的零星支出（结算起点为1 000元，结算起点的调整，由中国人民银行确定，报国务院备案）；中国人民银行确定需要支付现金的其他支出。

对于向个人收购农副产品和其他物资的价款以及出差人员必须随身携带的差旅费，现金支付不受结算起点的限制。除这两项之外，开户单位支付给个人的款项，超过使用现金限额的部分，应当以支票或者银行本票支付；确须全额支付现金的，经开户银行审核后，予以支付现金。机关、团体、部队、全民所有制和集体所有制企业事业单位购置国家规定的专项控制商品，必须采取转账结算方式，不得使用现金。

[例10-10] 下列事项中，开户单位可以使用现金的有（　　）。

A.发给公司贾某的800元奖金　　B.支付给公司临时工张某的2 000元劳务报酬

C.向农民收购农产品的1万元收购款　D.出差人员出差必须随身携带的2 000元差旅费

正确答案：ABCD

(三) 现金使用的限额

现金使用的限额由开户行根据各单位的实际需要核定，一般按照单位3至5天日常零星开支所需确定。边远地区和交通不便地区的开户单位的库存现金限额，可按超过5天但不得超过15天的日常零星开支的需要确定。经核定的库存现金限额，开户单位必须严格遵守。对没有在银行单独开立账户的附属单位，也要实行现金管理，必须保留的现金，也要核定限额，其限额包括在开户单位的库存现金限额之内。商业和服务行业的找零备用现金根据营业额核定定额，但不包括在开户单位的库存现金限额之内。

（四）现金收支的基本要求

按照《现金管理暂行条例》的规定，开户单位现金收支按下列要求办理：

（1）开户单位收入现金应于当日送存开户银行，当日送存确有困难的，由开户银行确定送存时间。

（2）开户单位支付现金，可以从本单位现金库存中支付或者从开户银行提取，不得从本单位的现金收入中直接支付（即坐支）；因特殊情况，确需坐支现金的单位，要事先报经开户银行审查批准，由开户银行核定坐支范围和限额。坐支单位必须在现金账上如实反映坐支金额，并按月向开户银行报送坐支金额和使用情况。

（3）开户单位根据本细则第六条和第七条的规定，从开户银行提取现金的，应当如实写明用途，由本单位财务部门负责人签字盖章，并经开户银行审查批准，予以支付。

（4）因采购地点不确定、交通不便、抢险救灾以及其他特殊情况，办理转账结算不方便，必须使用现金的开户单位，要向开户银行提出书面申请，由本单位财务部门负责人签字盖章，开户银行审查批准后，予以支付现金。

二、支付结算

（一）支付结算概述

1.支付结算的概念与特征

支付结算包含广义的支付结算和狭义的支付结算。狭义的支付结算是指中国人民银行《支付结算办法》中所称的“支付结算”，不包括现金，本教材的支付结算仅指狭义的支付结算。

支付结算的特征主要包括：

（1）支付结算必须通过中国人民银行批准的金融机构进行，未经中国人民银行批准的非银行金融机构和其他单位不得作为中介机构经营支付结算业务，但法律、行政法规另有规定的除外。

（2）支付结算是一种要式行为。

（3）支付结算的发生取决于委托人的意志。

（4）支付结算实行统一管理和分级管理相结合的管理体制。中国人民银行总行负责制定统一的支付结算制度，中国人民银行分支行负责组织、协调、管理、监督本辖区的支付结算工作。

（5）支付结算必须依法进行。

2.支付结算的主体

银行、单位和个人是办理支付结算的主体。银行是支付结算和资金清算的中介机构，这里说的银行，包括商业银行、城市信用合作社、农村信用合作社。支付结算是指单位、个人在社会经济活动中使用票据、信用卡和汇兑、托收承付、委托收款等结算方式进行货币给付及资金清算的行为。银行、单位（含个体工商户）和个人是办理支付结算的主体，其中，银行是支付结算和资金清算的中介机构。

3.支付结算的方式

支付结算的方式有以下几种：支票、本票、汇票、汇兑、电子支付、委托收款、托收承付、信用卡、信用证。其中，支票、本票、汇票属于票据结算方式，而汇兑、电子支付、委托收款、托收承付、信用卡、信用证属于非票据结算方式。如图10-2所示。

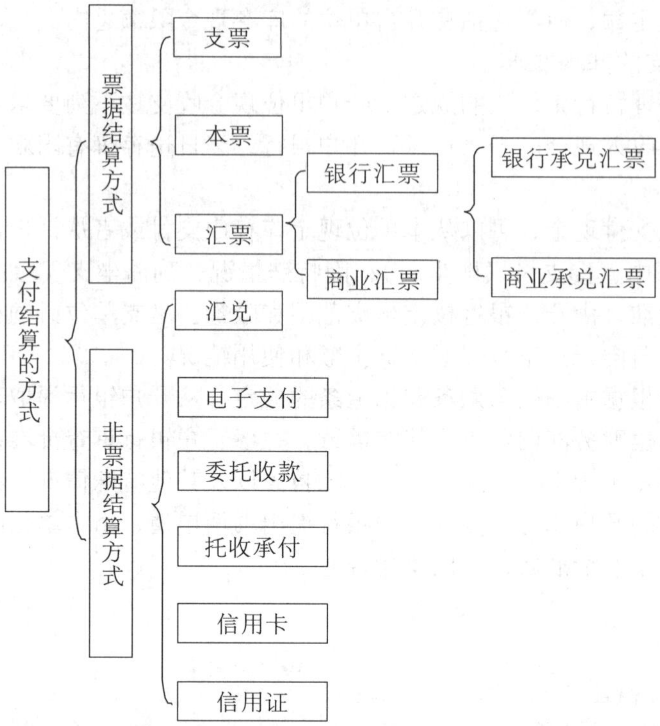

图10-2　支付结算的方式

（二）支付结算的主要法律依据

支付结算方面的法律、法规和制度主要包括《中华人民共和国票据法》《票据管理实施办法》《支付结算办法》《现金管理暂行条例》《银行卡业务管理办法》《人民币银行结算账户管理办法》《异地托收承付结算办法》《电子支付指引（第一号）》等。

（三）办理支付结算的基本要求

1.办理支付结算必须履约付款，谁的钱进谁的账，由谁支配，银行不垫款。

2.办理支付结算必须使用中国人民银行统一规定的票据和结算凭证，未使用中国人民银行统一规定的票据，票据无效；未使用中国人民银行统一规定的结算凭证，银行不予受理。

3.办理支付结算必须按照《人民币银行结算账户管理办法》的规定开立和使用账户。

4.填写票据和结算凭证应当全面规范，做到数字正确、要素齐全、不错不漏、字迹清楚、防止涂改。票据和结算凭证金额以中文大写和阿拉伯数字同时记载，二者必须一致。二者不一致的票据无效，二者不一致的结算凭证，银行不予受理。

5.票据和结算凭证上的签章和记载事项必须真实，不得变造、伪造。单位、银行在票据上的签章和单位在结算凭证上的签章，为该单位、银行的盖章加其法定代表人或者其授权的代理人的签名或者盖章。个人在票据和结算凭证上的签章，为个人本人的签名或者盖章。

［例10-11］根据《支付结算办法》的规定，下列票据中，属于无效票据的有（　　）。

A.更改签发日期的票据

B.更改收款单位名称的票据

C.中文大写金额和阿拉伯数字金额不一致的票据

D.更改金额的票据

解：答案ABCD选项，本题考核票据无效的情形，ABD属于不得更改的事项，更改的票据无效。票据和结算凭证的金额以中文大写金额和阿拉伯数字金额同时记载，二者必须一致，二者不一致的票据无效。

三、银行结算账户

（一）银行结算账户概述

银行结算账户是指存款人在经办银行开立的办理资金收付结算的人民币活期存款账户。银行是指在中国境内经中国人民银行批准经营支付结算业务的政策性银行、商业银行（含外资独资银行、中外合资银行、外国银行分行）、农村信用合作社。存款人是指在中国境内开立银行结算账户的机关、团体、部队、企业、事业单位、其他组织（以下统称单位）、个体工商户和自然人。

银行结算账户管理应当遵守的基本原则：基本账户唯一原则；自主选择银行开立银行结算账户原则；守法原则；银行结算账户信息保密原则。

［例10-12］甲公司是乙有限责任公司（以下简称乙公司）下设的一家领取了营业执照的分公司，2019年3月甲公司向A银行申请开立基本存款账户，A银行以甲公司不具有法人资格为由拒绝办理。乙公司在B银行已开立基本存款账户，但为了结算方便又在C银行申请开立基本存款账户。丙是乙公司员工，准备在D银行开立个人银行结算账户，并将他在证券公司的证券结算资金存入个人银行结算账户。乙公司属于经常性的存款人，在与丁某的业务交往中将其结算账户出借给丁某。以上使用银行结算账户的事项，是否符合《人民币银行结算账户管理办法》的规定？

解：（1）A银行以甲公司不具有法人资格为由拒绝为其开立基本存款账户的做法不符合规定。根据规定，可以申请开立基本存款账户的存款人包括非法人企业。（2）乙公司开立两个基本存款账户的做法不符合规定。根据规定，存款人一般只能在一家银行的一个营业机构开立一个基本存款账户。（3）丙在D银行开立个人银行结算账户的做法符合规定。根据规定，证券交易结算资金可以存入个人银行结算账户。（4）乙公司将结算账户出借给丁某的做法不符合规定。根据规定，对乙公司出借账户的行为应给予警告，并处以5 000元以上30 000元以下的罚款。

（二）银行结算账户的种类

银行结算账户按不同标准，可以分为不同类别。

1.银行结算账户按存款人不同，分为单位银行结算账户和个人银行结算账户。

2.单位银行结算账户按用途不同，分为基本存款账户、一般存款账户、专用存款账户和临时存款账户。

3.银行结算账户还可以根据开户地的不同分为本地银行结算账户和异地银行结算账户。

［例10-13］主要用于办理存款人日常经营活动的资金收付及工资、奖金和现金支取的账户是（　　）。

A.一般存款账户　　B.基本存款账户　　C.专用存款账户　　D.临时存款账户

解：答案B选项，基本存款账户主要用于办理存款人日常经营活动的资金收付及工资、奖金和现金支取。

10.4 客户破产的法律问题

一、破产法概述

破产法是债务人不能清偿到期债务时，宣告其破产，并由法院对其全部财产进行清理、分配或由其进行和解等方面的法律规范的总称。其适用主体范围是所有具有法人资格的企业。《中华人民共和国企业破产法》（以下简称《企业破产法》）立法目的是："为规范企业破产程序，公平清理债权债务，保护债权人和债务人的合法权益，维护社会主义市场经济秩序，制定本法。"

［例 10-14］甲公司被申请破产，法院已经受理。甲公司在此之前欠乙公司的债务共3笔，第1笔尚未到期；第2笔虽然也未到期，但丙公司提供了保证担保；第3笔已到期，并已由保证人丁代为偿还。以下债权申报的做法，符合规定的有（　　）。

A.第1笔债权视为到期债权，由乙申报

B.第2笔债权由丙和乙同时申报

C.第2笔债权如果乙未申报，则由丙申报

D.第3笔债权由保证人丁申报

解：答案ACD选项。本题考核点是债权申报。债务人的保证人或者其他连带债务人尚未代替债务人清偿债务的，以其对债务人的将来求偿权申报债权。但是，债权人已经向管理人申报全部债权的除外。

二、破产申请

破产申请是破产申请人请求人民法院受理破产案件的意思表示。它是启动破产程序的最初步骤。只有当事人依法向人民法院提出申请，而且人民法院受理后，破产程序才能开始；只要当事人没有主动向人民法院提出申请，人民法院就不能主动依职权开始破产程序。在我国，破产程序必须经破产申请，不经过破产申请，破产程序不能进行，因此破产申请不可逾越，也不能被省略和忽视。我国《企业破产法》规定，债权人和债务人具有破产申请权，但债务人申请破产须经其上级主管部门同意。破产申请应向对案件有管辖权的法院以书面形式提出，申请人申请时应履行法律规定的举证义务，提供必要的证据材料。破产案件由债务人提出破产申请的，称为自愿破产，由债权人提出申请的，称为非自愿破产。

（一）债权人申请破产

债权人申请破产的条件为：债务人不能清偿到期债务；债权人行使的债权是财产上的请求权；债权人的债权应是已到期的债权；债权人的债权是没有超过诉讼时效的债权。债权人申请破产，应当向有管辖权的人民法院提交破产申请书和有关证据。破产申请书应当载明下列事项：申请人、被申请人的基本情况；申请目的；申请的事实和理由；人民法院认定应当载明的其他事项。

［例 10-15］某破产企业有12位债权人，债权总额为1 500万元。其中债权人甲、乙的

债权额为500万元，由破产企业的房产作抵押，现债权人会议讨论破产财产的分配方案。下列（　　）情形不能通过。

A.有7位债权人同意，其代表的债权额为700万元

B.有7位债权人同意，其代表的债权额为800万元

C.有6位债权人同意，其代表的债权额为550万元

D.有4位债权人同意，其代表的债权额为600万元

解：答案D选项，本题考核债权人会议的表决方式。根据规定，债权人会议的决议由出席会议的有表决权的债权人（10人）过半数通过，其所代表的债权额，必须占无财产担保债权总额（1 000万元）的半数以上。要注意，如债权人会议通过和解协议，必须占无财产担保债权总额的2/3以上通过。

（二）债务人申请破产

在具备破产原因的情况下，债务人可以向人民法院申请破产。债务人申请破产，应当向有管辖权的人民法院提交破产申请书和有关证据。该破产申请书所载明事项与债权人提交的破产申请书相同。此外，债务人还应当向人民法院提交财产状况说明、债务清册、债权清册、有关财务会计报告、职工安置预案以及职工工资的支付和社会保险费用的缴纳情况等。债务人提交的上述文件，必须做到真实、充分。

（三）清算责任人申请破产

企业法人已经解散但未清算或者未清算完毕的，属于清算法人，即为清算目的而存续的法人。企业法人解散是指企业因发生章程规定或者法律规定的除破产以外的事由而停止业务，进入待清算状态或实施清算的过程。在此期间，其法人人格在法律上视为存续，但其营业资格已经丧失。此时，如果企业存在着资不抵债的事实，负有清算责任的人依法向人民法院申请破产清算。

三、破产受理

破产案件的受理，又称立案，是指人民法院在收到破产案件申请后，认为申请符合法定条件而予以接受，并由此开始破产程序的司法行为。受理是人民法院对于破产案件是否符合破产条件进行审查的必经程序，是破产程序开始的标志。

[例10-16] 甲公司被依法宣告破产，管理人的清算结果为：甲公司的破产财产共1 900万元，发生破产清算费用110万元，欠职工工资140万元，欠税款1 500万元，破产债权3 000万元，其中乙公司拥有破产债权1 000万元。根据《企业破产法》的规定，乙公司受偿的金额为（　　）万元。

A.150　　B.50　　C.35　　D.15

解：答案B选项。本题考核点是破产财产的分配。乙公司受偿的金额=破产债权×清偿率=（1 900−110−140−1 500）×1 000÷3 000=50（万元）。

（一）受理破产申请的期限

1.债权人提出破产申请的受理期限以及债务人的异议期限

债权人提出破产申请后，人民法院应当自收到破产申请之日起5日内通知债务人。债务人对申请有异议的，应当自收到人民法院的通知之日起7日内向人民法院提出。异议期满后，无论债务人是否提出异议，法院有不超过10日的审理期。

2. 债务人或清算责任人提出破产申请的受理期限

因为不存在异议期问题，人民法院应当自收到破产申请之日起15日内裁定是否受理。

3. 特殊情况下人民法院受理申请期限

有特殊情况需要延长裁定受理期限的，经上一级人民法院批准，可以延长15日，即在特殊情况下，从法院收到破产申请到法院作出受理裁定的最长时间，债权人提出申请的案件为37日，债务人或清算责任人提出申请的案件为30日。

（二）受理的程序

1. 审查

对破产案件的审查包括形式审查和实质审查。形式审查是旨在判定破产申请是否具备法律规定的申请形式。实质审查是旨在判定破产申请是否具有法律规定的破产申请实质条件，即债务人是否存在破产原因。破产原因的存在是一个事实问题。对这种事实的确定通常需要一个调查和证明的过程，而这个过程只能在破产程序开始以后才能进行。所以，在破产案件受理阶段的实质审查是一种表面事实的审查，即依据申请人提交的材料，对债务人是否具有《企业破产法》第二条或者（在债权人申请的情况下）第七条第二款规定的事由进行审查。

2. 发布通知和公告

人民法院应当自裁定受理破产申请之日起25日内通知已知债权人，并予以公告。通知和公告应当载明：申请人、被申请人的名称或姓名；人民法院受理申请的时间；申报债权的期限、地点和注意事项；管理人的名称或者姓名及处理事务的地址；债务人的债务人或者财产持有人应当向管理人清偿债务或者交付财产的要求；第一次债权人会议召开的时间和地点；人民法院认定应当通知和公告的其他事项。

四、债权人会议

债权人会议，是指在破产程序进行中为便于全体债务人参与破产程序以实现其破产程序参与权，维护全体债权人的共同利益，由全体登记在册的债权人组成的表达债权人意志和统一债权人行动的议事机构。债权人会议是一种程序性机构，随着破产程序的开始而产生，破产程序结束，其使命结束。债权人会议是自治性机构，具有独立的法人地位，其对于有关破产事务具有自主权。

（一）债权人会议的法律地位

债权人会议是全体债权人参加破产程序并集体行使权利的决议机构。从性质上来讲，债权人会议是债权人团体在破产程序中的意思发表机构。也就是说，债权人会议是要使全体债权人能够作为一个整体，就他们的权利行使和权利处分作出共同的意思表示，并且维护他们的共同利益而采取的必要的行动。债权人会议本质上是一个组织体。债权人会议成员分为有表决权的债权人和无表决权的债权人。有表决权的债权人，是指有权出席债权人会议和发表意见，并有权对债权人会议决议事项投票表达个人意志的债权人。无表决权的债权人，是指有权出席债权人会议和发表意见，但无权对债权人会议决议事项投票表达个人意志的债权人。

（二）债权人会议的决议

债权人会议的决议，由出席会议的有表决权的债权人过半数通过，并且其所代表的债权额占无财产担保债权总额的1/2以上。但是，法律另有规定的除外。债权人会议的决议，对于全体债权人均有约束力。债权人认为债权人会议的决议违反法律的规定，损害其利益的，可以自债权人会议作出决议之日起15日内，请求人民法院裁定撤销该决议，责令债权人会议依法重新作出决议。

五、和解

和解是指法院受理了破产申请后，为了避免破产宣告或破产分配，由债务人提出和解申请及和解协议草案，债权人会议讨论通过并经人民法院许可的、解决债权人和债务人之间的债权债务问题的制度。根据和解申请提出时法院是否已经受理针对债务人的破产申请，可将和解申请分为初始和解申请和后续和解申请。和解申请为初始申请的，应该依照《企业破产法》第八条的规定提交相关的文件。如果是后续申请，也必须按照人民法院的规定提交和解申请书。

（一）和解协议的成立和生效

1.和解协议的成立

《企业破产法》规定："债权人会议通过和解协议的决议，由出席会议的有表决权的债权人过半数同意，并且其所代表的债权额占无财产担保债权总额的2/3以上。"

2.和解协议的生效

《企业破产法》规定："债权人会议通过和解协议的，由人民法院裁定认可，终止和解程序，并予以公告。管理人应当向债务人移交财产和营业事务，并向人民法院提交执行职务的报告。"法院适用《企业破产法》，应于裁定认可和解协议后结案，而无须考虑和解协议何时执行完毕的问题。

（二）和解协议未成立和未生效

《企业破产法》规定："和解协议草案经债权人会议表决未获得通过，或者已经债权人会议通过的和解协议未获得人民法院认可的，人民法院裁定终止和解程序，并宣告债务人破产。"和解协议需经过债权人会议通过方为成立，经人民法院裁定认可方为生效。和解协议没有获得债权人会议表决通过，即为和解协议未成立。和解协议获得债权人会议表决通过后，没有获得法院认可，则为已经成立的和解协议未生效。

（三）和解协议的法律效果

和解协议一旦生效，可发生以下效果：

1.破产程序中止

和解协议一旦生效，和解协议就发生法律效力，产生法律效果，和解程序就依照法律规定的程序进行。而和解程序和破产程序不能并存，两者相互排斥。当事人只能选择一种进行。因此，和解协议生效，破产程序中止。

2.和解协议对债务人有约束力

和解协议对债务人的约束力主要表现为：必须严格履行和解协议的偿债条款，不得拒绝履行或延迟履行；不得实施任何有损债权人清偿利益的欺诈性财产处分行为；不得超出和解协议规定的范围对个别债权人实施有损其他债权人利益的额外清偿。

3.和解协议对和解债权人有约束力

和解债权人是指人民法院受理破产申请时对债务人享有无财产担保债权的人。和解协议对和解债权人的约束力主要表现为：不得超出和解协议规定的数额、时间和方式对债务人进行追索；不得超出和解协议规定的范围向债务人取得有损其他债权人利益的额外清偿。

（四）和解的终结

1.债务人不能执行和解协议

这属于客观的执行不能，当事人在客观上不具备履约的能力，即债务人本身缺乏执行和解协议的能力。债务人没有能力执行和解协议，没有能力行使其权利，也没有能力履行合同的义务。

2.债务人不执行和解协议

这属于主观的执行不能，当事人在主观上不具备履约的能力，即债务人本身并不缺乏执行和解协议的能力，当事人主观不想执行和解协议。

（五）法庭外和解

《企业破产法》规定："人民法院受理破产申请后，债务人与全体债权人就债权债务的处理自行达成协议的，可以请求人民法院裁定认可，并终结破产程序。"

［例 10-17］在某公司破产案件中，债权人会议经出席会议的有表决权的债权人过半数通过，并且其所代表的债权额占无财产担保债权总额的60%，就若干事项形成决议。该决议所涉下列（　　）事项不符合《企业破产法》的规定。

A.选举8名债权人代表与1名职工代表组成债权人委员会

B.通过债务人财产的管理方案

C.申请法院更换管理人

D.通过和解协议

解：答案D选项。《企业破产法》第六十七条规定，债权人会议可以决定设立债权人委员会，所以A符合规定；《企业破产法》第六十四条第一款规定，债权人会议的决议，由出席会议的有表决权的债权人过半数通过，并且其所代表的债权额占无财产担保债权总额的1/2以上。但是，本法另有规定的除外。该法第九十七条规定，债权人会议通过和解协议的决议，由出席会议的有表决权的债权人过半数同意，并且其所代表的债权额占无财产担保债权总额的2/3以上。据此可知，债权人会议通过和解协议的决议，必须其所代表的债权额占无财产担保债权总额的2/3以上。若所代表的债权额占无财产担保债权总额的60%，则不能通过和解协议，所以B、C符合规定。

六、重整

重整是指在企业无力偿债的情况下，依照法律规定的程序，保护企业继续营业，实现债务调整和企业整顿，使其摆脱困境，走向复兴的再建性债务清理制度。

（一）重整和破产清算的关系

建立重整制度和强调企业再建，并不意味着对破产清算制度的否定。首先，一部分破产企业是无可拯救的。对于这些企业，如果进行重整程序，只能导致资源的浪费和债权人的损失。破产法律考虑到这种可能，并设立了随时由重整程序转为破产清算程序的规则。其次，破产清算是一种优胜劣汰机制。重整制度的目标只是拯救值得拯救和能够拯救的企业，而不是盲目阻止破产清算的发生和不加区别地保护没有生命力的企业。最后，破产清算制度对重整制度有一种支持的作用。

（二）重整与和解的关系

重整比较复杂，有较多的法律干预，是一种力度较大但费用较高的企业拯救制度，适合规模较大、困境较严重的企业。和解充分尊重当事人的意思自治，具有简便灵活的特点，适合规模较小、拯救难度较低的企业。但是两者不存在相互转换的必要。启动和解程序后，不能转为重整程序；同样，启动重整程序后，不能转为和解程序。

七、破产程序的终结

破产程序的终结，是指破产程序不可逆转地归于结束。可能意味着破产程序预期目标实现，也可能意味着破产程序预期目标未能实现。

（一）破产程序终结的事由

根据我国现行破产法的规定或条文本意，破产程序终结的事由有：重整计划执行完毕；人民法院裁定认可和解协议；债务人有不予宣告破产的法定事由；债务人财产不足以清偿破产费用；破产人无财产可供分配；破产财产分配完毕。

（二）破产程序终结的种类

在以上破产程序终结的六种事由中，前三种发生于破产宣告前，第四种可以发生在破产程序期间的任何时候，最后两种发生在破产宣告后即破产清算程序中。其中，依前三种事由终结破产程序的，除和解协议规定企业自愿解散的个别案件外，债务人的法律人格不消灭，因而无须办理企业注销登记。依后三种事由终结破产程序的，债务人的法律人格消灭，因而必须办理企业注销登记。破产程序终结分两类：维持债务人法律人格的破产程序终结和消灭债务人法律人格的破产程序终结。

10.5　我国企业信用监管法律制度的相关立法情况

我国目前并没有直接的信用管理专门法律，关于信用及信用监管的法律规定散见于与企业相关的法律当中。

一、国家行政法规、政策和规章制度

（一）行政法规

国务院于2013年1月21日发布了《征信业管理条例》，该条例是在我国信用市场乱象频出的背景下出台的。它规定了从事个人和企业的征信业务的信用机构成立的条件以及信用信息的使用方式和范围，对滥用信息的后果也规定了法律责任，试图引导我国征信业的健康发展。国务院于2014年8月发布并于2014年10月执行的《企业信息公示暂行条例》，规定了市场监管部门收集信用信息的范围和方式以及公示企业信息的义务主体。

（二）国家政策和部门规章

2014年6月国务院下发了《社会信用体系建设规划纲要（2014—2020年）》，此纲要明确规定了到2020年我国的社会信用建设目标，即建立以信用资源为基础、以社会信用法律法规为准绳的社会全覆盖的信用系统。国务院于2016年4月发布了《关于建立完善守信联合激励和失信联合惩戒制度加快推进社会诚信建设的指导意见》，该意见是我国首部信用联合惩戒的规范性文件，指出了完善联合奖惩机制是我国完善社会信用体系的重要步骤，其中重点指出"联合"二字的重要性，要实现跨区域、跨部门的联合惩戒机制。

国家工商行政管理总局（2018年3月改组为市场监督管理总局）2014年8月公布并于2014年10月开始执行的《企业公示信息抽查暂行办法》《企业经营异常名录管理暂行办法》，前者明确规定了抽查企业的范围、程序，后者规定了企业列入经营异常名录的情况以及移出的手续，目的在于健全配套的法律监管制度，为我国实现信用惩戒提供制度支撑。

2015年9月，国家发改委、工商行政管理总局等中央层级的38部门联合签署了《失信企业协同监管和联合惩戒合作备忘录》，意在联合各部门执法，共同惩处失信者。为了建立信息共享的合作关系，工商行政管理部门与其他部门联合推出新办法，例如与税务总局联合印发《工商总局 税务总局关于清理长期停业未经营企业工作有关问题的通知》，这项措施是针对我国的“僵尸企业”所设立的，有利于清理市场环境。

工商行政管理总局于2015年12月发布《严重违法失信企业名单管理暂行办法》，规定了负责、组织、指导严重违法失信企业名单管理工作的政府部门、移入严重违法失信企业名单的失信情况以及移出名单的程序标准，将失信名单与企业信息公示系统相挂钩，从而实现对失信企业的联合惩戒。

2016年9月，工商行政管理总局印发了《工商总局关于新形势下推进监管方式改革创新的意见》，提出了创新我国信用监管模式的新要求，不再是政府单头监管的模式，而是形成发挥社会各界的力量共同监管的局面。通过在公示系统上开通投诉的功能，让社会群众共同参与监督企业的失信行为。同时，倡导发挥市场和社会力量的共同作用，充分发挥协会的桥梁作用。

工商行政管理总局于2017年6月发布了《国家企业信用信息公示系统使用运行管理办法（试行）》的通知，主要细化了企业信用信息的归集、公示、共享、应用的工作规定；于2018年2月11日发布了《工商总局关于加强国家企业信用信息公示系统应用和管理的通知》，明确该系统的建设重点任务，加强与数据协同监管，按照“一网归集，三方使用”的要求推进该系统的科学应用，加大对其系统使用方式的宣传力度；于2018年3月7日发布了《工商总局办公厅关于进一步做好严重违法失信企业名单管理工作的通知》，该通知重视网络交易违法失信行为的管理工作，清理长期未营业的“僵尸企业”，强化失信企业名单信息与政府部门、平台型企业、行业协会之间的联系，助力于社会共治局面的形成。

民政部于2018年1月发布了《社会组织信用信息管理办法》，其内容是社会组织信用信息登记管理机关根据社会组织对信用信息规定的遵守情况，对其采取信用惩戒或信用激励的措施。社会组织在我国的数量日益庞大，对其进行信用信息的规范管理有利于强化社会组织的诚信意识，加快我国的社会信用体系建设步伐。

国务院于2019年1月27日发布《国务院关于在市场监管领域全面推行部门联合“双随机、一公开”监管的意见》，市场监督管理总局也于2019年2月1日发布了《市场监管总局关于全面推进“双随机、一公开”监管工作的通知》，旨在通过构建统一监管工作信息化平台，建立随机抽查两库、强化抽查结果公示等措施，健全以信用为基础、以“双随机、一公开”为手段、线上线下一体化监管的新型监管模式。

涉及企业信用的国家政策和部门规章见表10-1。

表10-1　　国家政策和部门规章列表

法规名称	发布时间	发布单位
《社会信用体系建设规划纲要（2014—2020年）》	2014年6月	国务院
《企业公示信息抽查暂行办法》	2014年8月	工商行政管理总局
《企业经营异常名录管理暂行办法》	2014年8月	工商行政管理总局
《失信企业协同监管和联合惩戒合作备忘录》	2015年9月	国家发改委等中央层级的38部门
《严重违法失信企业名单管理暂行办法》	2015年12月	工商行政管理总局
《关于建立完善守信联合激励和失信联合惩戒制度加快推进社会诚信建设的指导意见》	2016年4月	国务院
《国家企业信用信息公示系统使用运行管理办法（试行）》	2017年6月	工商行政管理总局
《社会组织信用信息管理办法》	2018年1月	民政部
《工商总局关于加强国家企业信用信息公示系统应用和管理的通知》	2018年2月	工商行政管理总局
《工商总局办公厅关于进一步做好严重违法失信企业名单管理工作的通知》	2018年3月	工商行政管理总局
《国务院关于在市场监管领域全面推行部门联合“双随机、一公开”监管的意见》	2019年1月	国务院
《市场监管总局关于全面推进“双随机、一公开”监管工作的通知》	2019年2月	市场监督管理总局

二、相关的地方法规

部分城市也建立了与信用相关的地方法规（见表10-2），支持征信机构的业务开展。

表10-2　　相关的地方法规列表

法规名称	发布时间
《深圳市个人信用征信及信用评级管理办法》	2001年12月
《北京市行政机关归集和公布企业信用信息管理办法》	2002年8月
《上海市个人信用征信管理试行办法》	2003年12月
《天津市行政机关归集和使用企业信用信息管理办法》	2004年12月
《浙江省企业信用信息征集和发布管理办法》	2005年9月
《上海市政府信息公开规定》	2008年4月
《江苏省公共信用信息管理办法（试行）》	2018年3月
《内蒙古自治区公共信用信息管理办法》	2018年6月
《广西壮族自治区公共信用信息管理暂行办法》	2019年2月

[本章小结]

本章从合同、担保、结算及企业破产等方面的基本理论入手，阐述企业在信用管理中的相关法律问题。内容涵盖了五部分：企业合同的订立、合同的效力、合同的履行以及合同的变更、转让与终止；担保方式；现金及支付结算；破产申请、受理、债权人会议、和解、重整、破产终结等；最后通过对我国企业信用监管法律制度的相关立法梳理，使读者了解目前我国出台的与信用管理相关的法律制度情况。

［知识掌握］

1.名词解释

合同的履行；留置；支付结算；破产案件的受理；重整

2.单项选择题

（1）在下列哪种情形下，当事人有权解除合同（　　）。

A.已经成立的合同严重欠缺合同生效要件

B.已经成立的合同意思表示不真实

C.当事人履行的地点不适当，但未影响合同目的的实现

D.在履行期限届满前，当事人明确表示不履行主要债务

（2）以下（　　）不属于《担保法》规定的担保方式。

A.动产质押　　B.不动产抵押　　C.权利质押　　D.违约金

（3）根据支付结算法律制度的规定，下列各项中，属于存款人在开立一般存款账户之前必须开立的账户是（　　）。

A.基本存款账户　B.单位银行卡账户　C.专用存款账户　　D.临时存款账户

（4）债权人会议由（　　）组成。

A.全体债权人　　B.有表决权的债权人

C.无表决权的债权人　　D.人民法院指定的人员

（5）甲向乙借款5万元，乙要求甲提供担保，甲分别找到友人丙、丁、戊、已，他们各自作出以下表示，不构成保证的是（　　）。

A.丙在甲向乙出具的借据上签署“保证人丙”

B.丁向乙出具字据称“如甲到期不向乙还款，本人愿代还3万元”

C.戊向乙出具字据称“如甲到期不向乙还款，由本人负责”

D.已向乙出具字据称“ 如甲到期不向乙还款，由本人以某处私房抵债”

3.多项选择题

（1）下列合同中，可撤销的情形是（　　）。

A.因重大误解而订立　　B.因显失公平而订立

C.因一方受欺诈而订立　　D.损害国家利益的行为

（2）质押担保的范围包括（　　）。

A.主债权及利息　B.违约金　　C.质物保管的费用　　D.损害赔偿金

（3）根据支付结算法律制度的规定，下列非现金支付工具中，属于结算方式的有（　　）。

A.票据　　B.银行卡　　C.汇兑　　D.委托收款

（4）关于商业汇票贴现的下列表述中，正确的有（　　）。

A.贴现是一种非票据转让行为

B.贴现申请人与出票人或直接前手之间具有真实的商品交易关系

C.贴现申请人是在银行开立存款账户的企业法人以及其他组织

D.贴现到期不获付款的，贴现银行可从贴现申请人的存款账户直接收取票款

（5）根据《企业破产法》的规定，下列各项中，可以作为破产费用从破产财产中优先拨付的有（ ）。

A.破产案件的诉讼费用
B.管理人聘请工作人员的费用
C.管理人执行职务的费用
D.破产财产的拍卖费用

4.判断题

（1）受约人对要约的内容作出实质性变更的，要约失效。（ ）

（2）撤销银行结算账户时，应先撤销基本存款账户，然后再撤销一般存款账户、专用存款账户和临时存款账户。（ ）

（3）担保法规定，抵押人所担保的债权不得超出其抵押物的价值。（ ）

（4）下列权利都可以质押：汇票、支票、本票、债券、存款单。（ ）

（5）债权人、债务人都可以申请破产。（ ）

5.思考题

（1）什么是合同的效力？它是如何划分的？

（2）合同订立的程序有哪些？其生效时间是怎样确定的？

（3）担保有哪些方式？

（4）办理支付结算有哪些基本要求？

（5）什么是和解？和解协议的法律效果有哪些？

［知识应用］

□ 案例分析

1.某私营酒厂与某商店签订一份购销合同。合同规定：酒厂向商店提供贴有名牌商标的伪劣酒12万瓶，每瓶单价2元，共24万元，提供时全部付清货款。商店在约定时间前往提货，并以资金周转不灵为由只付了20万元就提走了全部货物。酒厂多次催付货款不成。问：本案应该如何处理？为什么？

2.甲乙两个公司签订了一份设备买卖合同，约定：甲公司向乙公司提供价值100万元的设备一台，货到付款，丙公司在该买卖合同书上以保证人的身份签字。2017年5月31日，乙公司收到设备，但未付款。2017年11月20日，甲公司要求丙公司承担保证责任，丙公司未履行保证债务。2019年5月15日，甲公司向乙公司请求履行付款义务，但乙公司亦未履行。2019年11月30日，甲公司以乙、丙两家公司为被告向人民法院提起诉讼，请求乙公司支付所欠货款，丙公司承担连带责任。试分析：

（1）甲、丙两公司之间的保证合同是否成立？

（2）若保证合同成立，丙公司提供的保证是何种方式的保证？其保证期间应该如何计算？丙公司的保证债务是否存在诉讼时效问题？丙公司应否承担保证责任？

□ 实践训练

主题：合同的签订

内容与提要：

（1）学生以5人为一个小组；

（2）事先对一家企业进行调研，以了解其经营业务范围；

（3）通过本章所学习的内容，对合同法律方面的内容深入研究，每个小组完成《购货合同》和《销售合同》签订活动。

成果检验：

每个小组委派一人上台讲解，并对各小组所签订的合同进行对比研讨，指出各小组在法律方面存在的问题及值得借鉴的方面。

主要参考文献

［1］瑟维吉尼，雷劳特．信用风险度量与管理［M］．任若恩，等，译．北京：中国财政经济出版社，2005.

［2］艾洪德，范南．市场经济中的个人信用问题研究［M］．北京：经济科学出版社，2004.

［3］保罗莱昂，托．信用担保机构与中小企业融资［M］．游春，译．北京：中国金融出版社，2013.

［4］曾鸣．信用保险理论与实务［M］．上海：上海财经大学出版社，2010.

［5］陈东平．财务报表分析在企业信用评价中的运用［J］．西部金融，2014（1）．

［6］程先林．经济法［M］．上海：上海交通大学出版社，2013.

［7］仇兆波，孔庆华，田嘉．经济法［M］．上海：上海交通大学出版社，2015.

［8］丁邦开，何俊昆．社会信用法律制度［M］．南京：东南大学出版社，2006.

［9］关伟．企业信用管理［M］．北京：中国人民大学出版社，2009.

［10］郭明瑞，房绍坤，张平华．担保法［M］．北京：中国人民大学出版社，2011.

［11］郭若愚，彭霞．经济法［M］．2版．北京：清华大学出版社，2018.

［12］郭生祥．信用与信仰·复制的文明：信用与信仰是如何互相发现价值的［M］．北京：东方出版社，2007.

［13］何平平，车云月．大数据金融与征信［M］．北京：清华大学出版社，2017.

［14］洪银兴．市场秩序和规范［M］．上海：上海三联书店，上海人民出版社，2007.

［15］扈企平．资产证券化：理论与实务［M］．北京：机械工业出版社，2014.

［16］姜俊琳．大数据时代的征信创新与发展研究［D］．杭州：浙江大学，2016.

［17］李芳．财经法规［M］．北京：经济管理出版社，2010.

［18］李仁真．国际金融法［M］．武汉：武汉大学出版社，1999.

［19］李书文．厚朴保理．商业保理理论与实务［M］．北京：中国民主法制出版社，2014.

［20］李曙光．个人信用评估研究［M］．北京：中国金融出版社，2008.

［21］李新庚．信用论纲［M］．北京：中国方正出版社，2004.

［22］李颖．企业信用文化［M］．北京：经济科学出版社，2006.

［23］米勒．征信体系和国际经济［M］．王晓蕾，佟焱，译．北京：中国金融出版社，2004.

［24］梁宝柱．国家信用与银行信用关系论［M］．成都：西南财经大学出版社，1995.

［25］梁媛．银行信誉研究［M］．北京：清华大学出版社，2004.

［26］杜金富，等．征信理论与实践［M］．北京：中国金融出版社，2004.

［27］刘光明．企业信用：伦理、文化、业绩等多重视角的研究［M］．北京：经济管

理出版社，2007.

［28］刘新来. 信用担保概论与实务［M］. 北京：经济科学出版社，2003.

［29］龙西安. 个人信用、征信与法［M］. 北京：中国金融出版社，2004.

［30］楼裕胜. 征信技术与实务［M］. 北京：中国金融出版社，2018.

［31］科尔，米什勒. 消费者与商业信用管理［M］. 北京华译网翻译公司，译. 11版.北京：中国人民大学出版社，2004.

［32］布朗. 公司诚信——反思组织伦理与领导行为［M］. 罗仲伟，译. 北京：中国社会科学出版社，2011.

［33］潘金生，安贺新，李志强. 中国信用制度建设［M］. 北京：经济科学出版社，2003.

［34］彭宇文，崔明霞. 经济法［M］. 2版. 长沙：湖南大学出版社，2019.

［35］秦国勇. 商业保理操作实务［M］. 北京：法律出版社，2013.

［36］粟勤. 消费信贷［M］. 北京：中国审计出版社，2001.

［37］隋平，罗康. 企业债券融资法律业务操作指引［M］. 北京：法律出版社，2011.

［38］谭永智. 企业信用管理实务［M］. 北京：中国方正出版社，2004.

［39］唐明琴，缪铁文，叶湘榕. 征信理论与实务［M］. 北京：中国金融出版社，2017.

［40］唐友清，黄敏，成康康. 商业银行信贷管理与实务［M］. 北京：清华大学出版社，2016.

［41］田天，刘长海，李海涛. 信用担保理论、实践与创新［M］. 北京：北京师范大学出版社，2012.

［42］王小奕. 世界部分国家征信系统概述［M］. 北京：经济科学出版社，2002.

［43］王永钦. 声誉、承诺与组织形式［M］. 上海：上海人民出版社，2005.

［44］吴志敏，李明. 财经法规与会计职业道德课程融合教程［M］. 长沙：中南大学出版社，2017.

［45］肖成华. 新世纪个人资信评估［M］. 北京：中华工商联合出版社，2001.

［46］辛树森，许会斌. 个人信贷［M］. 北京：中国金融出版社，2007.

［47］姚静. 中小企业信用评级指标体系研究［D］. 北京：中国社会科学院，2016.

［48］叶城. 不同行业条件下的信用管理模型应用研究——改进现金流量表分析模型应用［D］. 上海：上海交通大学，2015.

［49］尹继佐，恩德勒. 信任与生意：障碍与桥梁［M］. 上海：上海社会科学院出版社，2003.

［50］尤阳. 谈中小企业信用信息管理的系统化［D］. 伊通：伊通满族自治县人才交流中心，2013.

［51］于璐，詹蕾. 消费信贷运作指南［M］. 成都：四川大学出版社，2000.

［52］喻敬明，林钧跃，孙杰. 国家信用管理体系［M］. 北京：社会科学文献出版社，2000.

［53］考埃特，等. 演进着的信用风险管理［M］. 北京：机械工业出版社，2001.

[54] 张振华. 信用风险及信用保险法律制度研究 [M]. 北京：中国法制出版社，2016.

[55] 章政，田侃，吴宏. 现代信用风险度量技术在我国的应用方向研究 [J]. 金融研究，2006（7）.

[56] 赵立平. 信用链——温州·萧江调研报告 [M]. 上海：复旦大学出版社，2003.

[57] 赵晓菊，柳永明，林钧跃. 企业与消费者信用管理 [M]. 上海：上海财经大学出版社，2005.

[58] 赵晓菊，柳永明，吴晶妹. 信用管理概论 [M]. 上海：上海财经大学出版社，2005.

[59] 中国就业培训技术指导中心. 信用管理师（国家职业资格二级）[M]. 北京：中国劳动社会保障出版社，2016.

[60] 中国人民银行征信管理局. 现代征信学 [M]. 北京：中国金融出版社，2018.

[61] 中国人民银行征信管理局."征信与中国经济"国际研讨会文集 [M]. 北京：中国金融出版社，2004.

[62] 朱荣恩，丁豪樑. 企业信用管理 [M]. 北京：中国时代经济出版社，2005.

[63] 朱毅峰. 信用管理学 [M]. 北京：中国人民大学出版社，2005.